W0264948

Le Livre de Poche

Jeunesse

L'AIGLE ET LE FEU

Du même auteur dans
Le Livre de Poche Jeunesse

1515 Le chevalier de Marignan
La guerre des Princes
Perséphone, reine des Enfers

Claude Merle

LES HÉROS ET LES DIEUX

L'AIGLE ET LE FEU

HACHETTE
Jeunesse

Qui est l'auteur ?

Historien et romancier, Claude Merle est l'auteur d'une quarantaine de livres pour la jeunesse, romans historiques, romans d'amour, romans d'aventure. Il a écrit les neuf tomes de la série Marcantour pour les Éditions Bayard, et a participé à la rédaction de nombreux ouvrages historiques, dont trois sur le Moyen Âge, chez Autrement Junior.

Préface

Les dieux grecs présentent une particularité fascinante : ils sont proches des hommes. Ils se mêlent à leur vie, prennent parfois leur apparence, partagent leurs plaisirs, suscitent leurs passions, épousent leurs querelles, participent à leurs guerres. Ils vont jusqu'à emprunter leurs défauts. En certaines circonstances, ces dieux, tout-puissants et glorieux, se révèlent capricieux, coléreux, jaloux, menteurs, voleurs, cruels, injustes, lâches, envieux. À côté de leurs exploits surhumains, il leur arrive de se trouver dans des situations ridicules : Arès, le formidable dieu de la guerre, est pris dans un filet, comme un vulgaire poisson, ou enfermé dans une jarre. Héphaïstos est trompé par sa femme. Hadès, l'effrayant maître des Enfers, est assommé par Héraclès. Des dieux traités comme des hommes, quelle déchéance ! Quelles merveilleuses aventures, au contraire. Ce sont précisément cette familiarité, cette complexité, cette « humanité », qui rendent les dieux grecs attachants, et leur histoire passionnante.

Si les dieux viennent parfois se mêler aux mortels, les Grecs vivent à chaque heure du jour en leur compagnie. Ils leur parlent, les invoquent, les remercient, ou les abreuvent de reproches lorsqu'ils n'ont pas exaucé leurs vœux. Ils les associent à leurs activités les plus prosaïques : lorsqu'ils s'égarent, les voyageurs supplient Hermès, et celui-ci les remet sur le bon chemin. Les voleurs réclament son aide pour échapper à la police. Les paysans font appel à Déméter pour avoir une terre fertile, de grasses récoltes. Athéna assiste au pressage de l'huile d'olive, car elle a inventé l'olivier. Aphrodite favorise les amours. Poséidon apaise la mer. Apollon inspire les poètes ; Dionysos, les acteurs et les gens de théâtre. Zeus fait la pluie et le beau temps. Il veille au respect des serments, fait régner la justice. Et, même si ces dieux se montrent parfois capricieux et impitoyables, les hommes sont bien incapables de vivre sans eux.

La famille des dieux grecs

- **GAIA**
  Déesse de la Terre
  - **OURÉA**
  - **OURANOS**
    Dieu du Ciel
    - **CYCLOPES**
    - **HÉCATONCHIRES**
      (géants aux cent bras)
    - **TITANS**
      - **Océan**
      - **Hypérion**
      - **Japet**
      - **CRONOS**
    - **TITANIDES**
      - **Mnémosyne**
      - **Thémis**
      - **Téthys**
      - **RHÉA**
    - **ÉRINYES**
    - **GÉANTS**
  - **PONTOS**

CRONOS — RHÉA

- **ZEUS**
  - Enfants de Zeus :
    - **Apollon**
      - **Asclépios**
    - **Artémis**
    - **Héphaïstos**
    - **Arès**
    - **Aphrodite**
    - **Dionysos**
    - **Athéna**
- **POSÉIDON**
- **HADÈS**
- **HÉRA**
- **HESTIA**
- **DÉMÉTER**
  - **Perséphone**

Principaux dieux

ZEUS	Fils du Titan Cronos et de Rhéa. Dieu suprême. Maître du Ciel et de la Terre.
POSÉIDON	Frère de Zeus. Fils de Cronos et de Rhéa. Dieu de la mer.
HADÈS	Frère de Zeus. Fils de Cronos et de Rhéa. Maître du monde souterrain et des Enfers.
HÉRA	Fille de Cronos et de Rhéa. Sœur et épouse de Zeus. Déesse du mariage.
DÉMÉTER	Fille de Cronos et de Rhéa. Sœur de Zeus. Mère de Perséphone. Déesse de la terre et des moissons.
HESTIA	Fille de Cronos et de Rhéa. Déesse du foyer.
ATHÉNA	Fille de Zeus. Divinité guerrière. Déesse de la pensée et des arts.
APOLLON	Fils de Zeus et de Léto. Dieu

	solaire de la poésie, de la musique et de la divination.
ARTÉMIS	Fille de Zeus et de Léto. Sœur jumelle d'Apollon. Déesse de la nature sauvage et de la chasse et déesse lunaire.
HÉPHAÏSTOS	Fils de Zeus et d'Héra. Dieu du feu et dieu forgeron.
ARÈS	Fils de Zeus et d'Héra. Dieu de la guerre.
APHRODITE	Fille de Zeus ou d'Ouranos. Épouse d'Héphaïstos. Déesse de l'amour.
DIONYSOS	Fils de Zeus et de Sémélé. Dieu de la vigne et du vin.
PERSÉPHONE	Fille de Zeus et de Déméter. Épouse d'Hadès. Maîtresse des Enfers.
ASCLÉPIOS	Fils d'Apollon. Dieu de la médecine.

1

Le monstre

La gigantesque créature se dressa dans un grondement de fin du monde. Sa tête hideuse frôlait les étoiles. Ses pieds écrasaient les montagnes. L'Olympe, séjour divin suspendu en plein ciel, au-delà des nuages, trembla. Ses palais d'or vacillèrent, ses jardins ondulèrent, ses arbres se courbèrent. Alertés par ce phénomène insolite, les dieux se précipitèrent au bout de l'immense balcon qui dominait la terre. Là, ils découvrirent le monstre.

— C'est Typhon ! bégaya Apollon.

— Qui est ce Typhon ? souffla Aphrodite en pâlissant.

Arès, le dieu de la Guerre, recula, apeuré.

— Le fils de Cronos.

En disant cela, il jeta un regard accusateur à sa mère, Héra. On disait que pour se venger de Zeus, son époux infidèle, la souveraine de l'Olympe s'était alliée au dieu Cronos. Ensemble, ils avaient conçu un géant capable de détrôner le maître des dieux.

— Prodigieux ! s'écria Athéna, la déesse guerrière.

Elle était la seule à ne pas trembler devant l'effroyable apparition. Pourtant, Typhon avait de quoi inspirer la terreur. Sa masse énorme dépassait les plus hautes montagnes. Ses bras étaient si longs qu'en les étendant l'un touchait l'Orient et l'autre l'Occident. Sa force était si formidable qu'il aurait pu saisir l'Olympe et l'arracher du ciel. À la place de doigts, il avait cent têtes de dragons, et la partie inférieure de son corps n'était qu'un immense buisson de serpents venimeux.

— Quelle horreur ! gémit Hermès en prenant la fuite.

Les autres dieux ne tardèrent pas à l'imiter. Apollon, Arès, Artémis, Héphaïstos, Dionysos, Déméter, Aphrodite... un à un, ils quittèrent l'Olympe pour aller se cacher au fin fond du désert d'Égypte.

Zeus les regarda déguerpir avec dédain. « Tous des lâches et des ingrats ! » Il avait jadis délivré ses frères, dévorés par leur père, Cronos. Il avait combattu les Géants, les Cyclopes, les Titans, les Hécatonchyres, géants aux cent bras. Et maintenant, face à un danger plus terrible encore, ils l'abandonnaient !

Typhon était le dernier et le plus redoutable des monstres capables de défier les dieux. Il déploya ses ailes gigantesques, prit son vol et se mit à tournoyer autour de l'Olympe. Le ciel s'assombrit. Un vent violent, provoqué par ses battements, déracina des forêts entières.

Un instant sidéré par la monstrueuse apparition, Zeus se résolut au combat. Athéna était restée à ses côtés.

— Ma foudre ! Ma harpé ! ordonna-t-il.

La harpé était une lourde épée à lame recourbée. Maniée par le maître des dieux, elle était capable d'abattre des géants. Mais, contre Typhon, l'épée semblait dérisoire.

Après avoir armé Zeus, Athéna s'équipa à son tour de sa lance, de son casque et de sa cuirasse.

— Ne reste pas ici, suis-moi ! commanda Zeus.

Si jamais Typhon réussissait à s'approcher d'eux, ce serait la fin. Tandis qu'ils plongeaient vers la terre pour lui échapper, les yeux du monstre projetèrent des flammes. Une intense chaleur les enveloppa. Le sommet d'une montagne s'enflamma sous le souffle brûlant. Zeus répliqua en lançant la foudre. Ses éclairs répétés aveuglèrent Typhon, qui se laissa tomber. Sous le choc, la terre trembla et une vague énorme souleva l'océan.

Le monstre se redressa, dardant ses serpents comme des tentacules. Pour le tenir à distance, Zeus le harcelait sans répit. Mais, malgré ses brûlures, Typhon se rapprochait inexorablement. Cette poursuite les conduisit jusqu'aux limites de l'Arabie. Là, le géant enveloppa le maître des dieux.

— Père, prends garde ! cria Athéna.

En même temps, elle perça Typhon de sa lance. Cette arme redoutable avait tué jadis Pallas et Encelade, deux géants redoutables. Le fils de Cronos s'en débarrassa comme d'un simple aiguillon. Cependant, cette diversion permit à Zeus d'éviter les dragons et les serpents menaçants.

— Va chez Hadès ! gronda Zeus.

Hadès, le dieu des Morts, emprisonnait les monstres dans le Tartare, la partie la plus sombre des Enfers.

Zeus abattit sa harpé. Un flot de sang jaillit de la poitrine de Typhon, qui chancela. Victorieux, le maître des dieux leva de nouveau son arme pour achever son adversaire, mais celui-ci n'était que blessé. D'un sursaut formidable, il balaya Athéna et arracha la harpé de la main de Zeus. Puis il empoigna le maître de l'Olympe et le terrassa. Écrasé par sa masse gigantesque, Zeus se débattit en vain.

Typhon se moqua de ses efforts :

— Du calme, avorton. Tu as trouvé ton maître. Sais-tu qui tu es ? Un dieu, non pas ! une marionnette dont je tirerai les fils à ma guise pour me distraire !

Il saisit la harpé et trancha les tendons et les muscles de Zeus. Celui-ci devint incapable d'exécuter le moindre mouvement. De ses blessures s'épanchait le précieux ichôr, qui remplaçait le sang dans les artères divines. Typhon chargea le dieu vaincu sur son épaule, comme un pantin désarticulé, et prit son vol. Il atteignit bientôt la Cilicie, en Asie Mineure. Là, il jeta Zeus dans une caverne. Ensuite, il enveloppa les tendons et les muscles du maître des dieux dans une peau d'ours, et les confia à la garde d'un dragon : Delphyné.

Vainqueur, Typhon leva ses bras hideux vers la voûte céleste, et hurla :

— Me voici maître du monde !

Athéna avait assisté, impuissante, à la mutilation de son père. Dès que Typhon eut disparu, elle se mit à la recherche des dieux qui, après avoir fui le combat, s'étaient dispersés dans toute l'Égypte. Pour ne pas être reconnus, ils avaient pris des formes animales : Apollon s'était changé en milan, Hermès en ibis, Arès en poisson, Dionysos en bouc, Artémis en chatte, et Héphaïstos en bœuf.

Athéna les considéra avec mépris :

— Voilà donc les glorieux dieux de l'Olympe ! Joli troupeau, vraiment !

Humiliés, ils reprirent aussitôt leur forme divine.

— Devant un tel monstre, même Zeus et sa foudre étaient impuissants ! grommela Arès. Que fallait-il faire ? Dis-le-nous, toi qui es si forte !

— Combattre ! rugit Athéna. Vous l'avez laissé seul, froussards que vous êtes !

Apollon haussa les épaules :

— De toute façon, il est trop tard. Zeus n'a pas péri, car il est immortel. Mais c'est tout comme : sa force a disparu et sa caverne est un tombeau.

— Il faut le délivrer ! décréta Athéna.

Les dieux se regardèrent comme si elle était devenu folle. Mais Hermès sourit d'un air astucieux.

— Ça, c'est mon affaire.

Il fit signe à son fils, le dieu Pan :

— Toi, tu vas m'aider.

Quelques heures plus tard, ils atteignirent la Cilicie où Delphyné gardait farouchement les tendons et les muscles de Zeus. C'était un dragon femelle capable de percevoir le moindre son à des lieues à la ronde, et de se mouvoir à la vitesse de l'éclair.

Instruit par son père, Pan se mit à danser devant Delphyné en jouant de la flûte. Le petit dieu, barbu et cornu, était si drôle que le dragon se laissa distraire par sa danse grotesque. Toute au spectacle, elle ne perçut pas la présence d'Hermès. Celui-ci, coiffé du casque d'Hadès qui le rendait invisible, se faufila dans le repaire du dragon et déroba la peau d'ours. Puis il rejoignit Athéna, qui attendait un peu plus loin, et tous deux se hâtèrent vers la prison de Zeus.

— Vous en avez mis du temps ! gronda le maître des dieux.

Hermès sourit :

— Je chantais en ton honneur, et voici les cordes de ma lyre.

Il brandit triomphalement les tendons du maître des dieux.

— Vite ! dit Zeus. J'entends le monstre.

Effectivement, on percevait un grondement lointain, tandis que la montagne tremblait et que la voûte de la grotte s'effritait. En toute hâte, Hermès remit en place les tendons et les muscles du maître des dieux. Celui-ci se redressa avec un cri de triomphe. La fureur lui donnait des forces nouvelles.

— Regarde la surprise que t'a réservée Héphaïstos, annonça Athéna.

Au seuil de la grotte attendait un char ailé.

— Beau travail ! s'écria Zeus.

Il saisit la foudre que lui tendait Athéna et bondit sur le char. Aussitôt, celui-ci emporta le maître des dieux dans les nuages.

Zeus ne fut pas long à apercevoir son ennemi. Typhon, alerté par Delphyné, accourait en écrasant tout au passage. Mais sur son char ailé le maître des dieux était maintenant hors d'atteinte. De la voûte céleste, il déchaîna la foudre contre le géant, qui se tordit de douleur avec des hurlements de rage. Ce dernier tenta vainement de déployer ses ailes et de rejoindre Zeus. Plus rapide, celui-ci lui échappait et continuait à le foudroyer sans pitié.

Couvert de blessures, Typhon dut s'enfuir. Pour tromper son adversaire, il prit l'apparence d'une montagne recouverte de sable. Mais il savait qu'il ne pourrait rester caché éternellement. Un jour, Zeus finirait par le retrouver. Or, les forces du maître des dieux avaient décuplé, et le fils de Cronos était maintenant incapable d'en venir à bout. Pour le vaincre, il devait acquérir une puissance nouvelle.

Le monstre se demandait s'il allait appeler son père à son aide, lorsqu'il reçut la visite des Moires. Celles-ci étaient trois sœurs qui fixaient la destinée de tous les êtres vivants. Elles s'appelaient Atropos, Clotho et Lachésis.

— Que dois-je faire pour vaincre Zeus ? demanda Typhon.

— Va sur le mont Nysa, conseilla Atropos.

— Là-bas, tu trouveras des fruits magiques, dit Clotho.

— En les goûtant, tu seras de nouveau l'égal du maître de l'Olympe, ajouta Lachésis.

Typhon se précipita aussitôt vers la montagne sacrée. C'est ce que Zeus attendait. Les Moires, qui étaient à son service, avaient attiré le monstre dans un piège. Pour en finir avec son ennemi, Zeus devait le frapper de plus près. Dès que Typhon atteignit le sommet du mont Nysa, la foudre divine le frappa au visage. Il poussa un hurlement atroce, mais réussit à s'enfuir. Fou de douleur, il arracha des montagnes et les lança sur le maître des dieux qui les lui renvoya à coups de foudre.

Le sang de Typhon recouvrait la terre. Il faiblissait. Ses pas étaient chancelants. Il tentait de traverser la mer de Sicile, lorsque le char de Zeus le rejoignit. Le maître des dieux réunit toute sa puissance et la communiqua à la foudre. Un gigantesque éclair enflamma à la fois tous les dragons et les serpents de Typhon. Le monstre en feu s'écroula sur la terre de Sicile et se tordit de douleur. Alors, Zeus arracha l'Etna pour l'en recouvrir. Dans les profondeurs de cette montagne, transformée en volcan, le feu divin continue à brûler le monstre pour l'éternité.

Les dieux, admiratifs, avaient assisté à la dernière phase du combat titanesque. Quand tout fut terminé, ils applaudirent le vainqueur et rirent de soulagement. Héphaïstos, le dieu du Feu, contempla l'Etna en proie à une spectaculaire éruption :

— Ce joli feu me donne une idée, dit-il. Je vais y installer ma forge !

— Un feu de joie ! s'exclama Arès. Nous voici débarrassés du monstre.

— C'était le dernier, annoncèrent les Moires. Désormais, nul ne se dressera devant toi, Zeus.

Arès bomba son torse cuirassé d'airain :

— Plus rien ne viendra menacer le ciel et la terre.

— En tout cas, ce n'est pas grâce à toi ! fit remarquer Athéna, agressive.

Zeus étendit les bras sur ses enfants en signe de paix.

— Typhon était le dernier, réjouissons-nous.

Hermès renifla d'un air sceptique :

— N'oubliez pas les hommes. Depuis quelque temps, ils ont tendance à considérer que la terre leur appartient.

La remarque était insolente, mais sa victoire avait rendu Zeus indulgent. Il n'avait pas triomphé des forces les plus monstrueuses et les plus féroces de l'univers pour se laisser impressionner par de vulgaires mortels.

— Tant que les hommes m'honorent et obéissent à mes lois, si ça les amuse, ils peuvent croire que la terre est à eux, dit-il.

Ses narines frémirent :

— Du reste, je sens comme une délicieuse odeur de sacrifice.

Hermès fit la moue :

— Je ne hume rien de tel.

— Parce que la bête ne t'est pas destinée, dit Zeus en riant. Regagnons vite l'Olympe.

2

Le sacrifice

— Zeus ne sera pas content !

— Il n'y verra que du feu, assura Prométhée en adressant un clin d'œil à l'homme qui venait de manifester son anxiété.

Ils étaient une vingtaine autour de l'autel de pierre consacré à Zeus, le maître de tous les dieux. Prométhée examina avec pitié leurs visages livides et leurs corps maigres, torturés par la faim. Ils étaient chétifs, faibles et craintifs. D'un revers de main il aurait pu tous les écraser, lui, Prométhée, l'immense Titan, fils de Japet qui avait failli un jour conquérir le ciel. Mais, malgré leurs défauts, il ne pouvait s'empêcher de les aimer.

— Il faut bien que vous mangiez, gronda-t-il, en

examinant le bœuf destiné au sacrifice. Avez-vous au moins d'autres bêtes dans vos étables ?

L'homme secoua la tête avec résignation :

— C'est la dernière.

— Mais Zeus attend notre offrande, et il n'est pas très patient, fit remarquer un autre individu qui tranchait avec le reste de la petite assemblée.

L'homme était mieux nourri, avec un ventre rond et des joues rubicondes. C'était lui qu'on chargeait habituellement de dépecer l'animal et de préparer la viande destinée au maître des dieux. « Il doit se réserver quelque bon morceau », pensa Prométhée. Ceci expliquait sa mauvaise humeur lorsque le Titan avait proposé de sacrifier lui-même le bœuf pour que les hommes puissent manger à leur faim.

— Zeus risque de vous punir, dit-il encore d'un ton maussade.

— Est-il si généreux ? rétorqua Prométhée.

Il contempla alentour les masures misérables, les champs dévastés par les dernières pluies, les récoltes perdues, les pâtures désertes. « Ils doivent se nourrir de racines et de fruits sauvages, quand ils en trouvent », songea-t-il.

Comme si la cause était entendue, il empoigna le bœuf, le dépeça et le découpa en un tour de main. Sur l'autel, il assembla les os de l'animal et les enduisit d'une généreuse couche de graisse. Puis, sur une pierre voisine, il disposa la chair recouverte de la peau.

— Maintenant, allumez les feux, ordonna-t-il. Pas trop fort, là, comme ça.

Ils attendirent ensuite en silence, certains avec crainte, d'autres avec espoir. Une fumée légère montait vers le ciel. Au bout de quelques instants, un vent céleste vint attiser le feu sur l'autel. Zeus avait fait son choix. Prométhée partit d'un rire silencieux. Il connaissait son cousin, le maître des dieux, toujours prompt à s'enflammer. Trompé par le gras du bœuf, Zeus se retrouvait avec les os.

— À table, mes enfants ! invita Prométhée.

Les hommes ne se firent pas prier pour se partager la viande appétissante dédaignée par le maître des dieux. Tout en dévorant leur festin d'un bel appétit, ils regardaient à la dérobée Prométhée, leur ami. Le Titan était impressionnant, avec des épaules et des bras capables de soulever des montages. La première fois qu'ils l'avaient aperçu, ils s'étaient enfuis épouvantés pour se cacher au fond des forêts. Puis ils avaient appris à le connaître. Malgré son poids et sa voix d'airain, le Titan était pacifique et généreux. Ingénieux, il avait édifié un barrage, en aval de la rivière, pour faire obstacle aux inondations qui emportaient leur village. Puis il les avait aidés à construire une embarcation équipée de voiles pour naviguer jusqu'à la mer. Certains prétendaient qu'il avait d'autres pouvoirs, plus merveilleux encore.

— C'est vrai que c'est vous qui nous avez créés ? risqua l'un des hommes, la bouche pleine.

— Exact. Avec ça, expliqua Prométhée en ramassant une poignée de glaise. Mais c'est Zeus qui vous a insufflé la vie en m'autorisant à prélever pour vous une étincelle de feu divin.

— C'est donc Zeus qu'il faut remercier, conclut l'homme.

— Pas avec des os, en tout cas ! maugréa le préposé au sacrifice, qui ne désarmait pas bien qu'il se fût copieusement rempli la panse.

— De préférence, convint Prométhée en riant.

— Tu n'es donc pas un dieu ? dit l'homme déçu.

— Pas tout à fait, mais presque, répliqua Prométhée d'un air modeste.

Il était pourtant magnifique, avec un visage plein de noblesse et d'intelligence, des cheveux bouclés, un corps de géant aux muscles puissants. Et, dans toute sa physionomie, une sorte de grâce surnaturelle qui faisait croire à sa divinité.

« Il est peut-être assez fort pour nous protéger », pensa l'homme. Mais son espoir faiblit soudain lorsque le ciel s'embrasa. Des éclairs pourpres perçaient les nuées. La foudre s'abattit et le tonnerre ébranla la vallée.

— Mon cousin n'est pas content, constata le Titan.

Inutile d'être devin pour prévoir que le maître de l'Olympe se fâcherait tout rouge en découvrant la supercherie dont il avait été l'objet. Le feu céleste s'acharna sur le village. Une maison s'écroula. Des flammes jaillirent d'une étable. Un vent de tempête courba les arbres de la forêt, déracinant un chêne qui s'abattit avec un craquement sinistre. Face aux éléments déchaînés, les hommes se serraient les uns contre les autres comme un troupeau de moutons apeurés.

— Courez ! conseilla Prométhée.

Lui-même resta imperturbable, bras croisés, tandis que les hommes s'enfuyaient, emportant le reste des viandes dérobées au maître des dieux.

3

La fureur divine

Au milieu de la tempête et des éclairs, Zeus surgit. Prométhée s'attendait à sa venue. Malgré sa peur instinctive, il admira la splendeur du maître des dieux. Sous la forme humaine qu'il avait revêtue, Zeus était plus grand et majestueux que le Titan pourtant réputé pour sa stature. Dans sa main brandie crépitait encore la foudre qui venait d'incendier la vallée et les montagnes. Sa beauté resplendissante aurait aveuglé à tout jamais le mortel assez fou pour lever les yeux sur lui. Cependant, Prométhée soutint audacieusement son regard.

Il n'ignorait pas qu'il suffisait d'un geste à Zeus pour le foudroyer, le précipiter au fond des Enfers, comme le père de Prométhée, Japet ; faire de lui un esclave soumis comme son frère, l'immense géant Atlas, condamné par le maître de l'Olympe à soutenir le ciel pour l'éternité ; ou encore le transformer en torche vivante, ainsi qu'il venait de le faire pour Typhon. Mais il savait aussi que Zeus appréciait le courage, et Prométhée était non seulement téméraire, mais il passait en outre pour le plus astucieux des Titans.

— Tu n'es pas beau joueur, mon cousin, dit-il.

— Parce que tu t'imagines qu'il s'agit d'un jeu ? s'emporta Zeus. Tu penses peut-être qu'il te suffit d'être fils de Titan, comme moi, pour te croire mon égal ? Inciter les mortels à oublier le respect qu'ils me doivent et la crainte que j'inspire ?

— Il fallait bien que je nourrisse mes créatures, plaida Prométhée. Tu as vu dans quel état elles sont ? Si jamais elles meurent de faim, qui dressera des autels et accomplira les sacrifices que tu aimes tant ?

— Tes créatures ? s'exclama Zeus avec mépris.

— Celles que tu m'as permis de créer, s'empressa de rectifier Prométhée.

— Pour me vénérer et me servir. Pas pour me défier et se moquer de moi.

Prométhée secoua la tête en simulant le repentir.

— C'était mon idée.

— Je sais, dit Zeus. Je sais ce que je te dois. Je

n'ai pas oublié de quelle manière les tiens se sont rebellés contre moi.

Jadis, les Titans s'étaient lancés à la conquête du ciel. Pour les vaincre, Zeus avait fait appel aux Hécatonchires, géants aux cent bras, et aux cyclopes. Ces derniers avaient donné au maître des dieux le tonnerre, l'éclair et la foudre ; à son frère Hadès, le dieu des Morts, un casque magique qui le rendait invisible, et à Poséidon, un trident. Grâce à ces armes, Zeus et ses frères avaient précipité les Titans au fond du Tartare.

— Je n'ai pas participé à votre guerre. Au contraire, mes conseils t'ont bien servi, fit remarquer Prométhée.

— On dirait que la révolte est chez toi une vocation tardive.

— Pour une simple plaisanterie ? soupira Prométhée en haussant les épaules.

— Une offense, repartit Zeus avec sévérité.

Brusquement, il se radoucit. Son rayonnement devint moins aveuglant et ses yeux reflétèrent une malice inattendue, tandis qu'il caressait pensivement sa barbe noire. Loin de rassurer Prométhée, cette bonne humeur du maître des dieux lui parut plus inquiétante que sa colère, car il connaissait les caprices de son cousin.

— Pour cette fois, je veux bien oublier ton insolence. Je ne te punirai pas.

Le Titan faillit remercier son maître, mais il s'abstint dans l'attente de ce qui allait suivre.

— Je ne te punirai pas, poursuivit Zeus, mais je n'ai aucune raison d'être indulgent à l'égard de vulgaires mortels.

« Nous y voilà ! Il sait qu'en les frappant il me fait aussi du mal », songea le Titan avec amertume.

— C'est injuste, puisque je suis seul coupable, protesta-t-il. Je trouvais naturel qu'ils reçoivent leur part des bêtes qu'ils ont tant de mal à élever. Ce que tu exiges d'eux est un grand sacrifice lorsqu'ils n'ont rien d'autre pour se nourrir.

— Aussi je les dispense désormais de sacrifice.

Prométhée regarda le maître des dieux d'un air stupéfait :

— Plus de sacrifice ?

Qu'y avait-il derrière cette générosité ? Il ne tarda pas à le savoir.

— Dorénavant, ils n'auront plus de feu pour se chauffer, s'éclairer ou faire cuire leurs aliments. Je veux qu'ils oublient jusqu'à son existence. Ils ne connaîtront que le feu meurtrier de ma foudre s'ils s'avisent encore de me défier.

— Ils te redoutent déjà, dit Prométhée. Ne veux-tu pas être aimé, pour changer ?

— Que m'importe l'amour des hommes ? répliqua Zeus, dédaigneux. Je suis le maître absolu des dieux et de toutes les créatures. Cette toute-puissance doit me suffire, tu ne crois pas ?

Prométhée réprima un sourire :

— Pas d'amour, vraiment ? On m'a parlé pourtant de ravissantes créatures : la brune Niobé, et Danaé, la mère du vaillant Persée, et Europe, et Électre, et la blonde Léa... Tu les aurais aimées, à ce qu'on raconte. N'étaient-elles pas de vulgaires mortelles ?

Il baissa la voix, avant de poursuivre en confidence :

— Mais j'y pense... Héra, ta divine épouse, n'est peut-être pas au courant de toutes ces aventures ?

La colère flamba de nouveau sur le visage du maître des dieux.

— Méfie-toi, Prométhée, tonna-t-il. Ma patience a des limites !

Il disparut brusquement dans un déchaînement de lumières et de bruits. Quand la paix fut revenue dans la vallée, Prométhée regarda les feux éteints et les maisons calcinées, puis le ciel débarrassé de ses nuages noirs. Il murmura :

— Au revoir, mon cousin.

4

La montagne céleste

La rage de Zeus ébranlait l'immense palais du maître de l'univers, au sommet de l'Olympe. Cet édifice était fait d'or et de marbre. À travers ses portiques, on apercevait de merveilleux jardins et d'autres palais, tout aussi somptueux, quoique plus petits, demeures des dieux.

D'un mouvement brusque, Zeus repoussa son trône. Il traversa la salle sonore, bousculant les serviteurs occupés à dresser la table du banquet divin, et vint s'accouder au rebord de la montagne sacrée, à l'extrémité de l'immense parvis d'or qui précédait sa demeure. De là, il dominait jusqu'à l'infini la terre courbée sous la tempête que provoquait sa colère.

Si les nuées, les champs de neige et les précipices rendaient l'Olympe inaccessible et invisible aux mortels, les dieux pouvaient surveiller les hommes du haut de leur séjour céleste. Pourtant, Zeus n'aperçut pas Prométhée.

— Où se cache-t-il encore, ce menteur, ce sournois ! gronda-t-il en regagnant à grands pas la salle du festin.

Les dieux et les déesses, qui étaient restés silencieux, comme chaque fois que Zeus était d'humeur féroce, se détendirent en le voyant se radoucir.

— On ne va pas en parler pendant cent ans ! dit Héra, la seule de l'assemblée à ne pas redouter les colères de son époux.

— J'en parlerai tant qu'il me plaira ! grommela le maître des dieux en lui lançant un regard vindicatif.

Héra balança négligemment sa sandale d'or au bout de ses doigts de pied.

— J'ai trouvé la plaisanterie assez drôle, moi.

Zeus faillit exploser de nouveau. Cependant, il se contint. Comme toujours, Héra lui cherchait querelle, et il avait horreur de ces scènes de ménage interminables, d'où il ne sortait pas toujours vainqueur.

— Si tu veux, je vais aller lui frotter les oreilles, à ce Titan, proposa Arès en serrant les poings.

Zeus dévisagea son fils avec agacement. Le dieu

de la Guerre était d'une beauté indiscutable : grand, puissamment musclé et doté de l'arrogance propre aux guerriers qui se croient invincibles. Dès qu'une guerre éclatait, il était toujours le premier à se jeter dans la mêlée, assoiffé de carnage et de sang. Mais dans sa fureur aveugle, il était capable d'exterminer aussi bien ses alliés que ses ennemis. En outre, il n'avait pas fait montre d'un grand courage au cours de sa guerre contre Typhon.

Zeus avait du mal à souffrir son habitude de garder perpétuellement son casque et sa cuirasse, même dans les palais de l'Olympe où le précédait toujours un bruit de métal.

— Je ne sais pas si c'est la bonne méthode, avec Prométhée, fit remarquer Hermès, malicieux. Il serait capable de t'acheter tes armes au rabais pour les revendre aux humains.

— Je voudrais bien voir ça ! rugit Arès.

— Il pourrait aussi t'enfermer dans un pot de bronze, ajouta Hermès, faisant perfidement allusion à la prison dans laquelle les Aloades avaient jadis enfermé le dieu de la Guerre durant toute une année.

— Ou bien de t'emprisonner dans un filet d'acier, ajouta Héphaïstos, le dieu du Feu, impitoyable.

Ce dernier, le plus laid des dieux, borgne, boiteux, la face brûlée par le rayonnement de ses forges, avait pour épouse la plus belle des déesses : Aphrodite. La surprenant un jour entre les bras d'Arès, Héphaïstos avait pris au piège les deux amants dans un filet invisible pour les exposer aux regards de tous les habitants de l'Olympe.

— Fichez-lui la paix ! dit Aphrodite en réprimant un sourire.

Elle savait qu'Arès n'était pas très intelligent, carrément stupide même, parfois, mais elle ne supportait pas de le voir en butte à la risée de tous.

— Du reste, une raclée serait un châtiment trop doux pour cet orgueilleux, dit Zeus avec rancune.

— N'oublie pas qu'il t'a aidé, autrefois, au cours de la guerre que t'ont livrée les Titans. C'est grâce à lui que les révoltés ont pu être précipités au fond du Tartare, rappela Héra.

— C'est vrai, confirma Thémis, la déesse de la Justice.

C'était une noble divinité aux traits purs, toujours vêtue de blanc. Assise au pied du trône du maître des dieux, elle donnait toujours son avis lorsqu'il avait une décision à prendre, car elle était sage et savait prédire l'avenir. Son jugement était d'autant plus important, en cette circonstance, que Thémis était la propre mère de Prométhée. Zeus savait que l'affection qu'elle portait à son fils n'influençait pas son avis. Elle l'aurait condamné sans appel en cas de faute grave.

La douce voix de la déesse apaisa aussitôt le maître du ciel et de la terre.

— Hébé, petite, sers-moi ! ordonna-t-il en tendant une coupe d'or.

Répondant à son appel, une jeune fille parut. Brune, jolie et enjouée, elle portait une cruche précieuse inclinée sur son bras. D'un geste plein de grâce, elle versa le nectar qui rendait les dieux immortels. Zeus en but plusieurs coupes et soupira d'aise.

— Je ne demande pas mieux que de m'entendre avec ce Titan, à condition qu'il se tienne tranquille et renonce à sa manie de distribuer aux mortels des dons qui ne doivent appartenir qu'aux dieux.

Héphaïstos sourit dans sa barbe.

— Autant demander à Iris, ta messagère, de renoncer à ses ailes, ou bien à Aphrodite de s'abstenir de séduire les hommes.

— Tu serais le premier puni, répliqua la déesse en haussant de ravissantes épaules.

— C'est vrai pour Iris, pas pour toi, railla le dieu du Feu. Iris est faite pour voler comme Prométhée pour inventer. Voyez ce qu'il a accompli pour le bonheur des hommes : la science des chiffres et celle de l'écriture. L'art de construire, de travailler le bois, de forger le fer, de ciseler les métaux précieux, d'atteler les chevaux, de gréer les navires, de soigner les maladies...

— Tu l'admires, ma parole ! coupa Zeus, agacé.

— Je l'apprécie à sa juste valeur, admit Héphaïstos. Mais je ne l'approuve pas lorsqu'il te désobéit.

— Encore heureux ! grommela le maître des dieux.

Cependant, Hébé continuait à circuler entre les dieux, versant les liqueurs divines, le nectar et l'ambroisie. L'Olympe rayonnait d'une douce lumière. Sur une vaste pelouse, devant le palais de Zeus, les Charites se mirent à danser. Elles étaient trois sœurs d'une radieuse beauté, couronnées d'or et vêtues de pétales de rose. En les voyant évoluer avec légèreté, Zeus oublia Prométhée. Une joie indicible pénétrait son esprit. Au bout de quelques instants, n'y tenant plus, il se mêla à la danse. D'autres suivirent : Aphrodite, Artémis, Héra elle-même. Appuyé à une fontaine, Apollon jouait de la lyre. Les Muses chantaient. Héphaïstos battait la mesure. Seul Arès garda un œil farouche jusqu'à ce qu'Aphrodite vînt nouer ses bras nus autour de son cou.

— Danse ! ordonna Zeus.

Le dieu de la Guerre obéit et entama une sorte de ballet lourd et cérémonieux qui provoqua le fou rire des petites nymphes dissimulées au creux des bosquets.

— Si tu ôtais ta cuirasse, tu serais sans doute plus à l'aise, tu ne crois pas ? suggéra Hermès.

Pour toute réponse, Arès abandonna les danseurs

et regagna son siège d'or. Pas question de renoncer à ses attributs guerriers ! Héphaïstos adressa un clin d'œil à Aphrodite.

— Je me demande s'il ôte sa cuirasse pour dormir.

— Il m'a posé la même question à propos de ton tablier de cuir, riposta la déesse.

Le dieu forgeron réprima un sourire.

— Il n'y a que toi, ma belle, pour nous éclairer sur la toilette de nuit de tous les dieux.

— Sans parler des hommes, ajouta aigrement Athéna, la déesse guerrière.

Elle faisait allusion à Pâris, l'héritier de Troie, que Zeus avait chargé naguère de désigner la plus belle des trois déesses : Aphrodite, Héra et Athéna. À l'élue, Pâris devait remettre une pomme d'or. Le prince troyen avait commis l'imprudence de choisir Aphrodite, s'attirant ainsi l'hostilité des deux autres déesses.

— Pauvre Pâris ! songea Héphaïstos. À sa place, je sais bien ce qu'aurait fait Prométhée : il aurait créé deux autres pommes. Ainsi, chaque divinité aurait eu la sienne et l'aurait protégé de la colère de Zeus !

5

Le feu sacré

Tandis que les dieux décidaient de son sort, au sommet de l'Olympe, Prométhée parcourait la terre en secret. Le jour, il se cachait au fond des grottes pour échapper à Hélios, démon du soleil, surnommé l'Œil du Monde, car il voyait tout et rapportait à Zeus ce qui se passait sur terre.

La nuit, le Titan avançait à grands pas, en jubilant : « Maître des dieux, tu t'es montré cruel et injuste, mais tu n'auras pas le dernier mot ! »

S'il y avait une chose que Prométhée ne supportait pas, c'était de voir les hommes malheureux. Or, Zeus avait exécuté sa sentence : le feu avait subitement disparu de tous les foyers de la terre. Les hommes avaient froid. La nuit, ils avaient peur, ils se terraient. Ils avaient oublié tout ce qu'il leur avait enseigné : l'art de travailler les métaux et celui de cuire les viandes. Peu à peu, ils régressaient à l'état de bêtes. C'est pourquoi le Titan se hâtait dans l'obscurité.

La quatrième nuit après son départ, à l'heure du crépuscule, il atteignit le grand océan qui baignait l'extrémité du monde. Là, il découvrit avec satisfaction ce qu'il était venu chercher. Sur le rivage se baignaient les quatre chevaux blancs chargés de tirer le char du soleil. Prométhée savait les distinguer et il les appela par leur nom : Pyroïs, Éoos, Aéthon et Phlégon. Les bêtes épuisées soufflaient bruyamment. Elles vinrent se frotter à lui, mais s'écartèrent aussitôt pour échapper à ses caresses. Franchissant la plage, elles se vautrèrent avec délices dans l'océan glacé, car le feu du soleil les brûlait de l'aube au crépuscule.

Au bout de la plage, bercée par la houle, attendait la grande coupe creuse qui ramenait chaque nuit l'attelage à l'autre extrémité du ciel. Prométhée s'éloigna et gagna le merveilleux palais d'or où Hélios se reposait des fatigues du jour. C'était un jeune homme d'une grande beauté. Sa tête, environnée de rayons, scintillait dans l'obscurité. Étendu sur un lit de fleurs, il dormait profondément en attendant de regagner l'Orient et de reprendre sa course, à l'heure où l'Aurore ouvrait les portes du ciel au char du soleil.

Le char du soleil ! Voilà ce que voulait Prométhée. Il n'eut pas longtemps à chercher, car son feu rayonnait encore près de l'océan. Le véhicule solaire était laissé sans surveillance, car il était si ardent qu'aucun mortel n'aurait pu l'approcher sans être aussitôt réduit en cendres.

Prométhée lui-même demeura à distance, guettant les étincelles qui jaillissaient de l'astre. Celles-ci tombaient sur le sol, alentour, enflammant l'herbe, puis s'éteignant au bout de quelques instants. Le dessein de Prométhée était de s'emparer d'une des étincelles divines et de l'entretenir pour rendre le feu aux mortels. Pour y parvenir, il avait préparé un petit bâton creux où le feu divin pourrait se conserver durant des jours et des jours.

Tout était prêt. Les flammes se rapprochaient et Prométhée allait bondir, lorsqu'un piétinement formidable retentit. Il vit un troupeau de bœufs foncer sur lui. Leur pelage était blanc et leurs cornes dorées. Des jeunes filles en tuniques courtes, jambes nues, conduisaient les bêtes.

— Les Héliades ! s'exclama le Titan, contrarié.

Il se demandait comment échapper au troupeau et à la curiosité des gardiennes, filles d'Hélios, lorsque le soleil lui vint accidentellement en aide. Brusquement, une gerbe de feu illumina la nuit, comme si le char du soleil explosait. Se croyant découvert, Prométhée se prépara à fuir, mais les bêtes effrayées par les flammes se dispersèrent, poursuivies par leurs cinq gardiennes. Le Titan respira. Dès que le troupeau se fut éloigné, il recommença à guetter les étincelles. À présent, il devait se hâter, car Hélios n'allait pas tarder à se réveiller pour prendre le chemin de l'Orient.

— Tu le craches, ton feu, oui ou non ? grommela Prométhée.

Comme pour lui faire écho, le char projeta une formidable gerbe d'étincelles qui fit jaillir une couronne de feu autour du Titan. Celui-ci bondit et enflamma le cœur de son bâton. Son exploit accompli, sans perdre un instant, il prit sa course vers le bras de mer séparant l'île d'Hélios du pays voisin. Il se glissa dans l'eau et nagea à l'aide d'un bras en ayant soin, de l'autre, de tenir sa précieuse tige au-dessus de la tête. Il eut vite fait d'atteindre l'autre rive. Là, en quelques heures, il gagna les proches montagnes et se cacha dans une grotte, car le char du soleil n'allait pas tarder d'illuminer la terre.

Lorsque l'astre parut, il pouffa en silence.

— Merci, Hélios, bienfaiteur de l'Humanité !

Porteur de son étincelle divine, Prométhée se dirigea d'abord vers un petit village grec de l'Attique. Caché à proximité, il attendit le soir pour apparaître. C'était l'heure du repas. En le voyant s'avancer, les hommes, effrayés par sa taille gigantesque, se sauvèrent en abandonnant les viandes crues dont ils allaient se nourrir.

— Revenez ! cria Prométhée. Si j'avais voulu vous exterminer, vous seriez déjà morts. Je suis votre ami. Je vous apporte un cadeau de la part de mon cousin, le maître des dieux.

Comme ils l'épiaient de loin, sans se décider à revenir, le Titan s'accroupit et disposa quelques pierres en cercle pour construire un foyer. Au centre, il jeta des poignées de paille et vida le brûlant contenu de son bâton. Le feu jaillit aussitôt. Prométhée l'entretint avec du bois mort. Puis il s'appliqua à cuire la viande délaissée par les fuyards. Ces derniers étaient affamés. Au bout de quelques minutes, alléchés par la bonne odeur de viande grillée, les plus hardis se rapprochèrent.

— Que fais-tu ? demanda l'un d'eux, méfiant.

— Tu vois cette magnifique lumière dorée et dansante ? On l'appelle le feu, expliqua le Titan. Viens plus près, n'aie pas peur.

À cet instant, le bois sec craqua, projetant une gerbe d'étincelles. Les villageois reculèrent précipitamment, et Prométhée se mit à rire :

— Ce n'est pas un dragon, je vous assure. Vous ne risquez rien.

— C'est chaud ! s'exclama un audacieux, en tendant les mains.

— Ça réchauffe. Assieds-toi !

Comme l'homme hésitait encore, Prométhée simula un air courroucé :

— Refuserais-tu le cadeau des dieux ?

L'homme obéit aussitôt. C'était l'hiver. Le vent était glacé. Dans cette tourmente, la chaleur du feu était vraiment divine. L'homme soupira d'aise et se détendit. Constatant sa béatitude, d'autres le rejoignirent et se laissèrent fasciner à leur tour par la douceur, la beauté envoûtante et l'odeur du feu. Bientôt, tout le village fut rassemblé autour des flammes.

— Et maintenant, le repas ! annonça Prométhée avec entrain.

Il leur distribua la viande grillée, et ils la trouvèrent délicieuse. On aurait dit que le souvenir du feu que Zeus avait effacé leur revenait en mémoire.

Les nuits suivantes, Prométhée apprit aux gens du village à faire jaillir le feu et à l'entretenir. Puis, lorsqu'ils l'eurent maîtrisé, il leur enseigna l'art de forger le métal. Cela lui prit des mois.

— Jurez, dit-il, d'utiliser le feu uniquement pour le bonheur de vos semblables. Pour vous nourrir, vous chauffer, éclairer les ténèbres, et fabriquer des outils destinés à cultiver la terre.

Ils prêtèrent tous solennellement serment en levant la main droite au-dessus des flammes. Alors il sourit :

— Vous êtes de braves gens et je suis heureux d'avoir fait ce que j'ai fait. Transmettez aux autres votre savoir, sans jamais prononcer mon nom. Oubliez que je suis venu. Contentez-vous de vénérer Zeus. C'est à lui que vous devez tout cela.

Son travail achevé, le Titan alla retrouver Clyméné, la belle Océanide dont il était amoureux.

— Qu'as-tu fait si longtemps loin de moi ? demanda la fille de l'Océan.

— Je faisais une partie de cache-cache avec le ciel, répondit Prométhée en enlaçant sa compagne.

— Tu as [illegible] du? demanda Chantal.

[illegible] étirés paresseusement. Ils étaient étendus sur [illegible], au bord de la mer d'un bleu violent. Le soleil [illegible] comme en plein été. Le Titan [illegible]

6

Trahison !

— Tu as entendu ? demanda Clyméné.

Prométhée s'étira paresseusement. Ils étaient étendus sur le sable, au bord de la mer d'un bleu violent. Le soleil rayonnait comme en plein été. Le Titan contempla la barre frangée d'écume où les vagues se brisaient. Au-delà, vers le large, l'eau paraissait bouillonner sous une pluie d'orage, avec une multitude de reflets brillants qui révélaient la présence d'un banc de sardines. Une nuée de mouettes le survolait. De temps en temps, l'une d'elles plongeait avec un cri vorace, disparaissait sous l'eau, puis, alourdie, hissait vers le ciel un des poissons d'argent.

— Ce sont des oiseaux, dit Prométhée.

— Des oiseaux de fer, alors, répliqua l'Océanide.

Au même instant, perçant le fracas du ressac, un bruit, sonore quoique lointain, incita le Titan à bondir sur ses pieds. Ce bruit, il l'aurait reconnu entre mille : c'était celui de la guerre !

— Reste ici ! ordonna-t-il à Clyméné qui s'apprêtait à se joindre à lui.

Sans attendre, il prit sa course vers la rumeur guerrière. Après avoir traversé la plaine littorale, il escalada une montagne. Arrivé au sommet, il aperçut, sur l'autre versant, une vallée où plusieurs centaines d'hommes se livraient une bataille acharnée. Les uns étaient vêtus de rouge et les autres de bleu. Il était donc facile de distinguer les deux armées l'une de l'autre. La plupart des combattants portaient un casque et une cuirasse de bronze, et brandissaient des lances et des épées.

En apercevant les armes, Prométhée fut stupéfait, car il y avait deux ans à peine qu'il avait enseigné aux hommes à forger le métal. Il leur avait fallu si peu de temps pour fabriquer des engins de mort en dépit de leur serment !

— Misérables parjures ! fulmina-t-il.

Furieux, il dévala le flanc de la montagne et se rua dans la mêlée. À la vue du Titan, les guerriers, pris de frayeur, cessèrent le combat. Prométhée en profita pour désarmer les plus proches et jeter lances et épées de l'autre côté de la montagne. Cependant, voyant qu'il neutralisait ainsi les soldats vêtus de bleu, leurs adversaires crurent que le géant était leur allié et ils s'élancèrent sur ceux qu'ils venaient de dépouiller pour les massacrer.

— Arrêtez ! hurla le Titan. Cessez le combat ! Arrêtez ou je vous extermine tous autant que vous êtes !

Comme ils n'obéissaient pas, il les saisit par deux, rouges et bleus, et les cogna l'un contre l'autre. Quelques enragés tentèrent de résister. Il les balaya. Le sol se couvrait de ceux qu'il assommait sans pitié. Pour éviter de subir le même sort, les deux armées se débandèrent. Parmi elles, le Titan repéra leurs chefs. L'un portait un casque étincelant et une tunique bleue brodée d'or ; l'autre, un casque noir et une cape rouge. Chacun essayait d'atteindre une extrémité de la vallée. Prométhée les rattrapa, les souleva sans effort, et les transporta au sommet de la montagne.

Là, il les secoua si violemment qu'ils perdirent leurs casques et leurs épées.

— Qui vous a permis de forger des armes ? tonna-t-il.

Ils le regardèrent avec effroi. Il répéta la question avec plus de douceur, mais ils étaient incapables de répondre. Cependant ils finirent par comprendre que le Titan n'était pas décidé à les mettre à mort. Alors, l'homme à la cape rouge confessa :

— Je suis Mélétos, roi de Nicias. Si je n'avais pas

d'armes, les barbares du Nord auraient depuis longtemps envahi ma patrie et massacré mes sujets.

— Et moi, je me nomme Clitarque, roi d'Hyrcan, dit l'autre. Ce brigand a pillé mes cités et enlevé ma fille. J'ai besoin d'armes et de guerriers pour la délivrer.

— C'est lui qui a commencé la guerre ! rugit Mélétos.

— Fourbe ! Meurtrier ! hurla Clitarque en essayant de saisir son épée.

Prométhée le désarma, puis il gronda :

— À présent, vous allez m'écouter : la guerre est terminée. Ordonnez à vos hommes de déposer les armes !

Comme ils refusaient d'obéir et continuaient à se regarder avec haine, il les saisit chacun par un pied et les fit tourner autour de sa tête, en criant :

— Faites ce que je dis, sinon je vous jette dans la mer. Vous serez la proie des requins !

— D'accord ! D'accord ! cria Mélétos, fou de terreur.

— Dépose-moi, supplia Clitarque.

Relâchés, ils ne firent aucune difficulté pour descendre de la montagne et haranguer leurs soldats. Ceux-ci étaient revenus sur le champ de bataille, mais voyant leurs rois prisonniers du Titan, ils avaient cessé de s'entre-tuer.

— Jetez vos armes ! ordonna Clitarque.

— Vous aussi ! dit Mélétos.

Certains obéirent sans discuter. D'autres refusèrent. Prométhée leur arracha armes et cuirasses. Ceux qui tentèrent de s'échapper, il les rattrapa et les gifla comme des enfants.

Bientôt, tous les instruments guerriers s'entassèrent au milieu de la plaine. Le Titan était sidéré par leur nombre. « Quand il s'agit de détruire, les hommes ont du génie ! » pensa-t-il amèrement. Ordonnant aux deux armées de s'écarter, il jeta d'énormes rochers sur l'amas de métal. Brisées, écrasées, les épées, les lances et les cuirasses disparurent sous une véritable colline de pierre.

— Maintenant, vous allez vous occuper des blessés, exigea Prométhée.

Le Titan connaissait le secret des herbes guérisseuses. Il leur apprit à les reconnaître et à aider tous les blessés, amis ou ennemis, sans distinction. La plupart n'étaient pas mauvais ; c'était la guerre qui les rendait cruels. À force de s'entraider, ils en vinrent à discuter pacifiquement. Les rois eux-mêmes conversaient à voix basse. On sentait qu'ils voulaient oublier leurs querelles et rétablir la paix entre leurs deux royaumes.

Prométhée dressa un gigantesque bûcher pour brûler les corps des victimes. Il transportait un tronc de chêne lorsqu'il aperçut Clyméné. Sa compagne parcourait le champ de bataille en donnant à boire aux blessés. Leurs regards se croisèrent. Elle sourit :

— Beau travail, Titan.

Il crut qu'elle évoquait le carnage pour se moquer de lui.

— Je n'ai pas voulu ça, murmura-t-il d'un air sombre.

La douce Océanide acquiesça :

— Je sais. Tu es le plus généreux des Titans. Regarde : tu as ramené la paix parmi ces furieux. Ils regrettent leur violence, ils s'entraident et parlent de vivre ensemble. C'est grâce à toi !

Il soupira :

— J'aimerais être aussi confiant. Mais en si peu de temps, ils ont dénaturé ce présent céleste. Dire que je croyais faire leur bonheur !

— Mais tu l'as fait ! s'écria Clyméné. Le feu a embelli leur existence. Il leur apporte la lumière, la chaleur...

— Et la mort ! ajouta Prométhée. C'est peut-être ma punition pour avoir désobéi aux dieux.

— Pour une minuscule étincelle ?

— Une étincelle capable de consumer la terre entière.

— Tu n'es pas responsable de la folie des hommes, protesta Clyméné.

— Ce n'est pas l'avis de mon cousin. Je sens gronder sa colère, là-haut.

— Ça lui passera !

Prométhée secoua la tête d'un air morne.

— Zeus n'oublie jamais une trahison, ni un sacrilège.

Après avoir dit adieu à Ménélos et Clitarque, réconciliés, Prométhée et sa compagne regagnèrent leur paisible maison au bord de la mer. Mais l'insouciance qui y régnait jusqu'à présent avait disparu. Le Titan était tendu. Il sentait planer sur lui une terrible menace. Cependant, les jours passant, il reprit espoir : Zeus avait peut-être pardonné, comme le lui répétait Clyméné. Mais une nuit, un cauchemar affreux vint le tourmenter : une créature monstrueuse se jetait sur lui pour le dévorer. Face à elle, il était paralysé, incapable de se défendre, comme Zeus mutilé par Typhon. Il se réveilla tremblant et couvert de sueur.

La nuit était encore obscure. Le Titan comprit que sa vision n'était pas un rêve, mais un présage. Celui-ci l'avertissait que Zeus préparait sa vengeance. Alors, pour ne pas mettre en danger celle qu'il aimait, il quitta sa demeure sans la réveiller.

Il marcha longtemps le long du rivage. C'est là que la foudre du maître des dieux l'atteignit. Brusquement, il fut pris dans une effroyable explosion. Un souffle le projeta dans les airs, où il perdit connaissance.

7

Le Titan enchaîné

En reprenant ses esprits, la première vision de Prométhée fut celle d'Héphaïstos qui le contemplait avec commisération. Le dieu du Feu et le Titan avaient toujours entretenu des rapports amicaux.

— Oh ! cousin, c'est toi qui joues ainsi avec le feu ? s'écria Prométhée, encore tout ébloui.

Le fils de Zeus fit la grimace.

— C'est plutôt toi, espèce de fou !

Le Titan regarda autour de lui avec étonnement. Il avait quitté une mer bleue et un rivage de sable blond, et il se retrouvait dans le désert chaotique et glacé d'une haute montagne.

— L'Olympe a bien changé ! railla-t-il.

— C'est le Caucase, l'un des pays les plus sauvages de la terre, dit le dieu du Feu.

— On m'a gâté !

Comme il tentait de se redresser, le Titan s'aperçut qu'il était incapable de faire le moindre mouvement. Il allait en demander la raison à Héphaïstos, lorsqu'une lumière à peine moins intense que celle qui l'avait terrassé lui brûla de nouveau les yeux, et Zeus parut devant lui dans toute sa majesté.

— Misérable voleur ! fulmina-t-il. Cette fois, tu vas recevoir la punition que tu mérites. Tu resteras attaché à ce rocher nuit et jour. Tu auras beau crier, supplier, réclamer la mort, car la vie te paraîtra vite insupportable, nul ne viendra à ton secours. Quant à moi, je ne me laisserai pas attendrir par tes souffrances.

— Pour ça, je te fais confiance, dit Prométhée avec amertume.

— Assez ! tonna Zeus. Je te condamne à être enchaîné pour mille ans. Je le jure sur le Styx, le fleuve infernal !

Ce serment fit frémir le Titan, car si le dieu qui le prononçait se parjurait, il était frappé d'un terrible châtiment. Durant une année entière, il était privé de souffle et n'avait droit ni au nectar, ni à l'ambroisie, sources de l'immortalité. Ensuite, durant neuf ans, il devait vivre à l'écart des autres dieux, sans participer à leurs conseils ni à leurs festins. Autrement dit, en se parjurant, Zeus perdrait sa royauté céleste, ce qui rendait la condamnation de Prométhée irrémédiable.

Le Titan affecta à l'égard du maître des dieux le plus profond mépris, mais celui-ci s'était déjà détourné de lui.

— Enchaîne-le ! ordonna-t-il d'une voix tremblante de rage.

Dès qu'il eut disparu dans un tourbillon de feu, Héphaïstos releva le condamné avec une ferme douceur.

— Désolé pour toi, grogna-t-il. Mais je suis forcé d'obéir à mon père, sans cela il me punirait, et sois certain qu'un autre prendrait ma place.

Jadis, au cours d'une violente dispute, il s'était interposé entre Zeus et Héra. Zeus, fou furieux, avait empoigné son fils et l'avait projeté du haut de l'Olympe. En tombant sur la terre, Héphaïstos s'était brisé la jambe. C'est depuis ce temps qu'il était boiteux.

À regret, il prit des liens d'acier forgés par ses cyclopes. En quelques instants, des bracelets aux pointes acérées fixèrent les poignets et les chevilles de Prométhée à la roche. Puis un collier et une ceinture finirent par l'immobiliser totalement. Malgré sa force prodigieuse, le Titan fut incapable de se libérer, car l'acier d'Héphaïstos était si résistant que les dieux eux-mêmes n'auraient pu les briser. En outre, à chacun de ses gestes, les pointes de métal s'enfonçaient dans son corps, provoquant une souffrance intolérable.

— C'est Zeus qui a conçu ces liens, précisa Héphaïstos. Je n'ai fait que les fabriquer.

— Je reconnais bien là son esprit inventif, ironisa le Titan.

Du haut de son séjour céleste, le maître des dieux devait se délecter de sa souffrance. Aussi décida-t-il de supporter son sort sans une plainte.

— Pauvre Zeus ! soupira-t-il.

Le dieu du feu le dévisagea comme s'il avait perdu la raison.

— Pourquoi dis-tu ça ?

— Parce qu'il aime trop sa puissance et pas assez ceux qui en souffrent.

— Tu parles du maître tout-puissant de l'univers. N'importe quel dieu, à sa place, éprouverait la même ivresse et le même orgueil.

— Le malheur, pour lui, c'est que cette belle royauté, il va bientôt la perdre.

Héphaïstos secoua la tête avec consternation.

— Tu dis n'importe quoi ! La douleur te fait délirer.

— Elle me rend lucide, au contraire. N'oublie pas que je suis devin. Ma mère, Thémis, m'a transmis un don précieux : celui de prédire l'avenir. J'ai lu que la souveraineté de Zeus touchait à sa fin.

Quand tu verras mon cousin, n'oublie pas de lui annoncer la triste nouvelle.

Le dieu du feu rajusta les bretelles de son tablier de cuir avant de s'éloigner en claudiquant.

— Attends ! cria Prométhée. Peux-tu faire quelque chose pour moi ?

— Si ça ne contrarie pas mon père.

— J'ai mérité mon châtiment, reconnut le Titan. Mais je ne voudrais pas que Zeus tourmente les hommes. Ils ne sont pas coupables. Tu entends ? Pas coupables ! C'est moi et moi seul qui ai volé le feu du ciel. Les hommes souffrent assez comme cela. Protège-les.

— J'essaierai, promit Héphaïstos d'un ton bourru. Mais là-haut ce n'est pas moi qui décide.

Resté seul, Prométhée rassembla son courage pour ne pas céder au désespoir. Il était seul dans ce décor sinistre de rocs acérés et de coulées de pierres. La nuit, le gel lui perçait le corps de mille aiguilles, aussi cruelles que les pointes d'acier. Le jour, le soleil le brûlait. On aurait dit que Hélios faisait exprès de rapprocher son char de la cime pour le punir davantage.

Seul il resterait pour l'éternité, car nul n'oserait rompre une solitude décrétée par Zeus. Les humains qu'il avait aidés avaient déjà oublié son existence, et les dieux étaient trop ulcérés par son sacrilège pour intercéder en sa faveur. Héphaïstos lui-même, sans doute absorbé par ses forges, n'avait plus reparu depuis des mois.

Prométhée finissait par perdre espoir, quand un matin, à l'heure où l'Aurore rosissait les sommets des montagnes voisines, il vit surgir un petit personnage coiffé d'un chapeau à large bord et chaussé de sandales ailées.

— Hermès ! Quel mauvais vent t'amène ? railla le Titan, pour masquer le plaisir que lui procurait la visite du messager des dieux.

— Je passais par là, dit Hermès d'un ton léger.

Prométhée se força à sourire.

— Tu viens me chercher pour me conduire aux Enfers ?

L'une des missions d'Hermès consistait, en effet, à mener les âmes chez le dieu des Morts. Mais le Titan savait que cette balade serait un sort trop doux pour lui. Il lui fallait vivre et souffrir durant mille ans pour complaire au maître des dieux.

Non, si Hermès était devant lui, c'était pour une autre raison, et il devinait laquelle. « Ce brave Héphaïstos a dû faire ma commission et annoncer à Zeus ma sombre prédiction ! »

Le messager céleste était là pour le confesser. C'était le moment de négocier sa liberté. Mais si Prométhée était habile, le dieu des Marchands, qui était aussi celui des Orateurs, était malin et persuasif. Entre eux, la partie promettait d'être serrée.

8

Le monstre des nuées

Hermès ôta son chapeau et s'essuya le front.

— Il fait chaud, tu ne trouves pas ?

— Reviens la nuit ! conseilla Prométhée.

Le messager de Zeus ne releva pas l'ironie. De son bâton d'or, orné de deux serpents entrelacés, il frôla le cou ensanglanté du Titan.

— Ça fait mal ?

— On s'habitue.

Hermès eut une moue compatissante. Il avait l'air d'un personnage sympathique et généreux. Mais Prométhée savait qu'il ne fallait pas se fier à cette apparence.

— Tu dois avoir soif, s'inquiéta le jeune dieu.

— Tout le temps.

Cela faisait partie du jeu. Il avait soif, il avait faim, il avait mal, mais il n'en mourrait pas. La partie devait durer mille ans.

— Que dirais-tu d'une grande jarre d'eau fraîche ? proposa Hermès.

— Ce n'est pas de refus. La source est juste en contrebas. Tu l'entends ?

Hermès n'eut pas l'air de comprendre. Il s'approcha du bord de la montagne, fit semblant d'admirer le paysage, puis soudain, il se retourna.

— Tu as parlé d'un oracle.

— Un oracle ?

— Selon lequel Zeus perdrait sa divine royauté.

Prométhée prit l'air ébahi.

— J'ai dit ça, moi ?

— À Héphaïstos, précisa le messager.

— C'est possible. Tu sais, la souffrance trouble la mémoire et incite au délire.

— Tu bluffais ?

— Peut-être.

— Je m'en doutais !

Le messager céleste parut satisfait. Pourtant, au lieu de s'envoler aussitôt pour l'Olympe, il tournait autour du Titan enchaîné, ramassait une pierre, la lançait dans l'abîme. Il chantonnait en observant le ciel. Au bout d'un long moment, il demanda sans se retourner :

— Au fait, que disait cet oracle ?

Prométhée se mit à rire.

— Je te le dirais volontiers, mais ces bracelets, ce collier, tous ces bijoux dont Zeus m'a comblé brouillent mon esprit.

Hermès laissa échapper un soupir réprobateur.

— Tu sais bien, Prométhée, que nul ne peut te délivrer. Zeus lui-même en serait incapable.

— Le serment, c'est vrai ! Où avais-je la tête ? s'exclama le Titan. L'ennui, en ce qui vous concerne, c'est que les oracles sont aussi éternels et immuables que les serments. Nous voici donc à égalité, Zeus et moi.

— Son sort est tout de même plus enviable que le tien, plaisanta Hermès.

— N'en sois pas si sûr : je sais ce que je subis, tandis que Zeus ignore ce qu'il va devoir endurer.

Le messager divin examina ses ongles avec négligence.

— J'admire ton courage, Prométhée. Mais dis-toi que ton supplice pourrait être beaucoup plus insupportable, s'il prenait à Zeus la fantaisie d'aggraver ton châtiment.

Prométhée lui jeta un regard méprisant.

— C'est une menace ?

— Disons un conseil.

Le Titan serra les dents d'un air farouche.

— J'ai beau faire un effort... Non, décidément, la mémoire ne me revient pas. Dommage pour Zeus !

— Dommage pour toi !

Voyant qu'il ne tirerait plus rien de Prométhée, Hermès disparut comme le vent. Le Titan retrouva sa solitude. Tout d'abord, il s'enorgueillit d'avoir gardé le silence. Sa force titanesque brisée, il ne lui restait que son esprit pour combattre le maître des dieux. Face à Hermès, il pensa avoir bien manœuvré. Il avait éveillé sa curiosité et peut-être suscité son inquiétude sans trahir son secret. C'était son unique chance, car le maître des dieux était capable de tirer profit de sa révélation sans lui témoigner la moindre reconnaissance, et de prolonger son supplice impitoyablement.

Cependant, les jours passèrent sans aucune manifestation céleste. L'anxiété revint. Prométhée se dit qu'il avait eu tort. Zeus avait dû prendre son refus pour un nouveau défi. Sa fureur devait être effroyable, et le Titan n'avait plus le courage de s'en réjouir.

Un matin, une tempête vint confirmer ses craintes. La foudre s'acharna sur les cimes voisines. « Mauvais caractère ! » plastronna Prométhée. Son ironie ne parvint pas à masquer sa peur. Vers midi, l'orage s'éloigna et le beau temps revint. Soudain, un corps céleste fit écran au soleil, comme un voile de deuil. C'était un oiseau gigantesque, et le Titan crut d'abord que le maître des dieux venait lui rendre visite, car il affectionnait cette incarnation majestueuse. Cependant, comme l'aigle s'approchait de la montagne, Prométhée le reconnut et se mit à trembler. C'était un monstre, progéniture de deux créatures d'épouvante : Échidna et Typhon.

Sous un corps de femme, Échidna attirait les hommes pour les tuer sauvagement avec sa queue de serpent gorgée de venin. Quant à Typhon, on avait vu sa cruauté à l'œuvre lorsqu'il s'était attaqué au maître des dieux.

L'aigle n'était pas moins féroce que ses abominables parents. S'il n'avait pas été paralysé, Prométhée aurait tenté de l'affronter. Mais cloué à la montagne, il était à sa merci.

L'oiseau plana un moment au-dessus de sa tête en poussant des cris horribles, comme s'il se délectait à l'avance de la proie sans défense qu'il allait dépecer. Ses yeux ronds luisaient d'un éclat cruel. Son bec recourbé dégouttait de sang et dégageait une odeur pestilentielle. « Il vient de dévorer une victime innocente ! » pensa Prométhée en frissonnant de dégoût.

Brusquement, le monstre s'abattit sur lui. Sa masse recouvrit le sommet du Caucase. Ses serres se plantèrent dans les épaules du Titan, et son bec énorme incisa d'un seul coup son flanc droit. En dépit de son caractère héroïque, Prométhée poussa des hurlements déchirants. Le monstre lui dévorait le foie. La douleur était effroyable et, au lieu de s'atténuer, lorsque la bête repue eut abandonné sa proie pour reprendre son vol, elle augmenta encore. Le sang inondait le ventre et les jambes du supplicié. Il formait une flaque à ses pieds. Ses cris résonnaient jusqu'au ciel, réjouissant le maître des dieux, convaincu d'avoir enfin brisé l'orgueil du Titan.

« Je vais mourir. Mon supplice s'arrêtera enfin », songea Prométhée avec impatience. Mais son espoir fut déçu : durant toute la nuit, sa douleur s'apaisa. Sa plaie se referma. Son foie repoussa. Ses forces lui revinrent. Il finit par penser que Zeus lui avait infligé une leçon et se tenait pour satisfait. Mais, au cours de la matinée suivante, l'aigle reparut. Comme la veille, il planta ses serres dans sa victime et lui ouvrit le ventre. Les hurlements de Prométhée recommencèrent, mêlés à des imprécations.

— Maudit sois-tu, Zeus. Tu m'as vaincu, mais je ne te supplierai pas. Et jamais tu ne connaîtras ton sort. Jamais, tu entends ? Dis-toi seulement que le temps est proche où je serai vengé !

Il espérait encore que le maître des dieux finirait par céder. C'était mal le connaître. Zeus avait devant lui l'éternité. Et, malgré la curiosité qui le poussait à connaître son destin, il renonça à interroger le Titan. Son humiliation lui suffisait. Chaque jour, il percevait sa peur, puis sa souffrance et sa colère impuissante.

Le spectacle de son supplice servirait d'exemple à ceux qui pourraient être tentés de le défier.

9

La beauté de Pandore

Zeus était radieux.

— J'ai décidé d'offrir un magnifique cadeau aux mortels, annonça-t-il.

Les dieux se regardèrent, interdits. Depuis des mois, il était question de punir les hommes, dont l'orgueil dépassait les bornes, pas de les récompenser. Non seulement ces misérables créatures avaient renoncé à les vénérer et leur offrir des sacrifices, mais ils n'hésitaient pas à commettre des sacrilèges, transformant leurs sanctuaires en étables et leurs statues en meules à blé. En outre, ils faisaient mauvais usage du feu que Prométhée avait eu l'imprudence de leur apporter.

— Un cadeau ? Lequel ? s'informa Héra.

— Une femme, dit Zeus en se frottant les mains d'un air satisfait. Il n'y a plus que des hommes sur terre, c'est d'un ennui ! Que ferions-nous, pauvres dieux que nous sommes, sans nos déesses ?

— Et sans les mortelles, pas vrai ? ajouta son épouse d'un ton acide. Je me suis laissé dire que tu t'occupais gentiment d'elles, autrefois, lorsque les mortels avaient des compagnes.

— Pour ce qui me concerne, je trouve l'idée excellente, intervint Héphaïstos, heureux de trouver Zeus si bien disposé à l'égard des hommes, et craignant de le voir changer d'avis à cause des allusions sournoises d'Héra.

— Eh bien, si ce projet t'intéresse, mon fils, à toi le soin de créer la femme.

— Sans barbe, pouffa Aphrodite.

— Avec deux yeux et deux jambes, si possible, ajouta Hermès en imitant le dieu borgne et boiteux.

— Je ferai de mon mieux, promit Héphaïstos.

Il s'inclina avec un respect affecté devant Héra, Athéna et Aphrodite, puis s'en alla, riant en douce. Après avoir quitté l'Olympe, il gagna l'île de Lemnos, dont le volcan abritait l'une de ses forges. Là, il façonna avec de la glaise et de l'eau une créature sur le modèle des déesses immortelles, comme l'avait fait jadis Prométhée pour les hommes.

Une fois satisfait de sa création, il lui insuffla la vie à l'aide d'une étincelle du feu divin qui brûlait nuit et jour dans son foyer. La femme était née. Il l'amena alors dans le palais de Zeus, recouverte de voiles.

Tous les dieux assemblés attendaient avec curiosité de contempler son œuvre. Mais le dieu du feu, facétieux, faisait exprès de les faire languir.

— Je ne sais pas si vous serez contents, soupira-t-il humblement. J'ai fait de mon mieux, mais la chose était difficile. Une femme, vous comprenez...

— Nous savons ce qu'est une femme, coupa Zeus avec impatience.

— Je n'en doute pas, dit Héra.

Après l'avoir gratifié d'un regard meurtrier, le maître des dieux ajouta :

— Nous connaissons tous ton habileté.

— Ça oui ! grinça Héra, au souvenir du jour où Héphaïstos, qui s'était querellé avec elle, lui avait offert un merveilleux trône d'or, soi-disant en gage de réconciliation.

Lorsque la déesse s'était assise, le siège précieux l'avait enchaînée, sans que les dieux pussent la délivrer. Il avait fallu supplier le dieu forgeron. Et, comme il ne voulait rien entendre, Dionysos, le dieu du Vin, avait été obligé de l'enivrer. Dans cet état, Héphaïstos avait délivré sa mère, qui lui avait pardonné.

— Mes modèles étaient si parfaits, poursuivit Héphaïstos en montrant les plus belles des déesses, que j'ai failli renoncer. Seuls les ordres de mon père m'ont incité à persévérer.

— Très bien, gronda Zeus. Maintenant, laisse-nous juger du résultat, si tu veux bien.

Comme Héphaïstos s'approchait de sa créature, les dieux crurent qu'il allait enfin la dévoiler. Mais, au dernier moment, il suspendit son geste et se retourna.

— Le secret, c'est la terre, voyez-vous, reprit-il. Ni trop riche, ni trop légère. Ni pâle, ni trop colorée. Et surtout, exempte de ces parasites qui sont autant d'imperfections. Prométhée avait bien compris le problème en façonnant les hommes...

Exaspéré, Zeus écarta son fils et arracha les voiles qui masquaient son œuvre. Durant un long moment, les dieux restèrent sans voix, car la femme qui se tenait devant eux était d'une prodigieuse beauté. Ils admiraient chaque détail de la création : le corps aux formes d'une rare harmonie, les traits délicats, la peau de soie, les cheveux d'une blondeur de miel. Puis ils applaudirent tous à la fois l'auteur de ce chef-d'œuvre, qui riait de plaisir.

Zeus, le plus empressé, tournait autour de la femme en répétant :

— Pas mal, pas mal du tout.

— Il était peut-être inutile de la faire aussi belle, fit remarquer Héra, maussade.

— Rien n'est trop beau pour les hommes, répliqua Zeus.

« Héra a certainement raison, soupçonna Héphaïstos devant cette joie excessive. Zeus doit avoir une idée derrière la tête. »

À présent, toutes les divinités de l'Olympe se pressaient autour de la femme, qui leur souriait sans aucune timidité.

— On peut parfaire cette beauté, dit Aphrodite en lui caressant les cheveux.

Du bout des doigts, elle lui accorda l'art de séduire. Les gestes de la femme devinrent plus gracieux, ses regards plus profonds, son sourire se teinta d'une mystérieuse promesse. Aussitôt, tous les dieux furent attirés par elle.

Ce fut à celui qui lui ferait le plus beau présent. Héra la dota de l'habileté manuelle, Apollon de la persuasion.

Quand elle eut toutes les qualités, Héphaïstos la coiffa du diadème d'or qu'il avait ciselé pour elle. Athéna la revêtit d'une robe blanche et d'un voile aux exquises borderies. Les Charites attachèrent à son cou un collier de diamants aussi limpides que des larmes de pluie. Les Heures l'ornèrent de fleurs.

— Assez joué à la poupée ! s'écria soudain le maître des dieux.

Il chuchota à l'oreille d'Hermès, qui approuva en

souriant. Le petit dieu matois s'approcha alors de la ravissante créature, et dit :

— Pour mettre un peu de piquant à ton personnage, moi, je te fais don de la curiosité et du mensonge.

Les déesses se mirent à rire, tandis que les dieux s'étonnaient de cette fantaisie : pourquoi abîmer une telle perfection ?

Devinant le stratagème de son père, Héphaïstos se repentit d'avoir fait la femme si belle. « Elle séduira pour mieux tromper ! » songea-t-il avec amertume.

— C'est parfait, mais il manque encore quelque chose, dit Zeus.

Aphrodite examina la créature d'un air perplexe.

— Que peut-il lui manquer ?

— Un nom, dit Zeus.

— Que diriez-vous de Pandore ? suggéra Hermès.

— Pandore... autrement dit : cadeau de tous les dieux. Ça me plaît ! s'écria Zeus en riant de plaisir. Maintenant, il ne reste plus qu'à en faire bon usage !

10

Le sang du Titan

Ce jour-là, lorsque l'Aurore ouvrit les portes du ciel, Prométhée sentit renaître son désir de vivre. Sa douleur avait disparu et ses forces semblaient intactes. Il savait, cependant, qu'il ne devait pas se faire d'illusions : Zeus ne le guérissait que pour lui permettre de supporter de nouvelles tortures. C'est pourquoi il scrutait l'horizon avec terreur : le monstre ferait bientôt son apparition.

Au lieu de l'aigle, ce fut Épiméthée qui surgit au sommet de la montagne.

— Toi, mon frère ? s'étonna Prométhée, avec un frémissement joyeux.

Les Titans étaient tous deux fils de Japet, mais Épiméthée avait Asia pour mère, et Prométhée la sage Thémis. Il était difficile d'imaginer deux créatures plus différentes : tandis que Prométhée était pétri d'intelligence et de génie, Épiméthée avait toujours été simple et candide.

— Tu n'aurais pas dû venir, c'est dangereux, dit Prométhée.

Son frère resta silencieux. Il contemplait avec effroi le géant enchaîné et son sang qui rougissait tout le sommet de la montagne. Pris de pitié, il empoigna les liens d'acier et tira de toutes ses forces pour les arracher du rocher. Voyant que les chaînes d'Héphaïstos résistaient à ses efforts, ses yeux se remplirent de larmes.

— Si j'avais su, je serais venu plus tôt, balbutia-t-il.

Prométhée grimaça un sourire affectueux.

— Ça n'aurait rien changé. Nul ne peut s'opposer à la volonté de Zeus.

— Ne crois pas ça, protesta Épiméthée. La colère de Zeus est tombée. Il s'est réconcilié avec nous. Je pourrai lui parler, plaider ta cause. Il m'écoutera.

Le Titan enchaîné sourit avec indulgence. Son frère avait toujours fait preuve d'une naïveté enfantine. Mais comment le lui reprocher ? Il était doux, loyal et généreux. Et on ne pouvait pas s'empêcher de l'aimer.

— Zeus n'oublie jamais un affront, expliqua-t-il

patiemment. En dérobant le feu céleste, je l'ai insulté. Du moins, c'est ce qu'il croit. Jamais il ne me pardonnera.

— Il a bien pardonné aux hommes ! s'écria Épiméthée.

L'enthousiasme de son frère remplit Prométhée d'inquiétude.

— Qu'est-ce que qui te fait croire ça ?

— Mais tout. Depuis un an, pas un orage ni une gelée. Le soleil tiédit la terre, et des pluies bienfaisantes font pousser nos cultures. Les blés sont superbes. Les raisins tout dorés. Si tu pouvais les voir !

Un pli amer creusa le front de Prométhée.

— Notre cousin a dû passer son temps à courir les filles. Ou bien il a égaré sa foudre dans quelque mauvais lieu !

— Tu ne devrais pas parler ainsi, chuchota Épiméthée en scrutant le ciel avec inquiétude. S'il t'entendait...

— Mais j'espère bien qu'il m'entend ! hurla Prométhée, en tirant si fort sur ses liens que le sang jaillit de son cou et de ses poignets. Quant à mes affaires, elles ne peuvent pas être pires qu'aujourd'hui. J'attends un visiteur. Ponctuel et méticuleux.

Épiméthée prit l'air important :

— Moi aussi, et pas n'importe lequel : le dieu Hermès.

— Le chien de chasse de Zeus ? Tiens donc ! Que te veut-il ?

— Il vient t'annoncer que je recevrai bientôt un fabuleux cadeau.

— Un cadeau ? En quel honneur ? grommela Prométhée. Qu'as-tu fait pour le mériter ?

— Il paraît que je me suis bien conduit, et que Zeus tient à me récompenser.

— Zeus ? Méfie-toi de lui ! gronda Prométhée. Ses cadeaux sont empoisonnés.

— Tu crois ?

Malgré les douleurs qui le tenaillaient, Prométhée faillit éclater de rire devant le beau visage de son frère déformé par un chagrin d'enfant. Décidément, l'âge n'y faisait rien. La candeur du jeune Titan était toujours aussi attendrissante.

— Promets-moi une chose, exigea Prométhée.

— Bien sûr, laquelle ?

— Refuse ce cadeau, quel qu'il soit.

— Je te le promets, soupira Épiméthée, dépité.

— Et maintenant, va-t'en vite ! ordonna Prométhée. Voici le monstre.

Épiméthée suivit le regard apeuré de son frère.

— Quel monstre ? Cet oiseau ?

Il ramassa un bâton et se prépara à le chasser. Mais lorsque l'aigle s'approcha, il vit que sa masse couvrait le sommet du Caucase. Le souffle de ses ailes immenses le projeta au bas de la pente. Il entendit la voix de son frère qui lui criait de fuir. Alors, il se mit à courir, épouvanté.

— Le voilà, ton cadeau, cousin ! hurla Prométhée, en essayant désespérément d'échapper aux griffes du monstre. Merci de ta générosité. Je trouve que cette bête te ressemble. En plus pacifique !

Ses sarcasmes s'achevèrent en hurlements, car le monstre venait enfin de le saisir et de lui ouvrir les entrailles. Le sang du Titan se mit à ruisseler sur ses jambes, comme les larmes sur son visage. Mais soudain, de manière inattendue, il perdit conscience et sombra dans un sommeil profond. Quelqu'un, quelque part, avait eu pitié de ses souffrances.

11

Le noir palais du sommeil

Était-ce Zeus qui avait abrégé les souffrances de Prométhée ? Non, le maître des dieux avait oublié provisoirement le condamné, mais il ne le tenait pas quitte de son châtiment, et il était peu enclin à l'indulgence.

Héphaïstos, lui, pensait encore à son ami et il ne désespérait pas de lui venir en aide sans provoquer la colère de son père.

Il avait sa forge sur l'île de Lemnos, au cœur d'une montagne où brûlait le feu divin et où s'activaient les Cyclopes, géants borgnes à l'habileté légendaire, qui lui servaient d'apprentis. Héphaïstos martelait la lame d'une épée lorsqu'une idée germa dans son esprit : il avait pour voisin Hypnos, fils de la Nuit et dieu du Sommeil. Celui-ci pourrait peut-être plonger Prométhée dans l'inconscience pour lui faire oublier sa douleur. Aussitôt, le dieu du Feu se munit de ce qu'il fallait pour convaincre Hypnos de venir en aide au Titan enchaîné.

Il attendit l'aurore avec impatience. Durant la nuit, en effet, Hypnos parcourait rapidement le ciel et la terre afin de répandre le sommeil sur toutes les créatures vivantes. Le jour, il vivait dans un immense palais noir et silencieux érigé au sommet d'une montagne. Son activité était incessante, car le dieu du Sommeil ne dormait jamais !

Héphaïstos frappa à une porte d'ivoire. Celle-ci s'ouvrit, et Hypnos parut aussitôt. Avec son corps évanescent, ses ailes diaphanes et ses longs cheveux pâles et flottants comme des lambeaux de brume, il faisait songer à un fantôme, plus qu'à un dieu.

— Salut à toi, fils de Zeus, dit-il avec douceur.

Il précéda son visiteur d'un pas léger à travers les salles innombrables de sa demeure. Celles-ci étaient tendues de gazes noires et meublées de vastes lits sur lesquels reposaient de jeunes enfants revêtus de robes claires.

— Mes fils, murmura Hypnos avec un sourire tendre.

On prétendait qu'il en avait plus de mille, tous plus beaux les uns que les autres. Héphaïstos les admira, avant de suivre son hôte dans le labyrinthe infini de son palais. Dans ses salles ouatées, leurs pas n'éveillaient aucun écho.

Après quelques instants qui lui parurent des heures, car au royaume d'Hypnos le sommeil jouait avec le temps, Héphaïstos pénétra dans une pièce plus petite que celles qu'ils avaient traversées. Ses murs d'or et d'argent flottaient à la manière de cascades limpides sous le soleil.

Hypnos invita le dieu du Feu à prendre place sur un lit aussi doux, tiède et frissonnant qu'un plumage d'oiseau. Héphaïstos vit qu'ils n'étaient pas seuls : une créature d'une radieuse beauté était étendue au creux du lit. Ses yeux, verts et insondables comme l'océan, contemplaient le plafond mouvant.

— Ce que j'ai à te dire est confidentiel, murmura-t-il.

En effet, si Zeus venait à apprendre sa démarche, sa punition risquait d'être sévère.

— Je sais, dit Hypnos en souriant. Mais tu n'as rien à craindre : le sommeil d'Hypérion est profond. Il ne nous entendra pas. Ne t'étonne pas de ses yeux ouverts. Je lui permets de dormir ainsi pour pouvoir les admirer à ma guise.

— Délicat privilège, reconnut Héphaïstos.

Hypnos posa sur lui de grands yeux noirs empreints de mélancolie.

— Eh bien, qu'attends-tu de moi ?

— Presque rien : des jours et des nuits de sommeil et d'oubli.

— Pour toi ? fit semblant de s'étonner Hypnos.

Héphaïstos secoua la tête :

— Pour Prométhée.

Le visage d'Hypnos devint indéchiffrable. Il soupira :

— Je voudrais t'être agréable, mais ce que tu demandes est impossible : je ne peux aller contre la volonté de Zeus. Prométhée doit subir son châtiment.

— En souffrant le martyre sans un instant de répit ? gronda le dieu du Feu.

Hypnos prit l'air désolé :

— Ce n'est pas moi qui ai fixé la peine. Même si je la trouve excessive, il n'est pas en mon pouvoir de l'atténuer.

— Prométhée cherchait à faire le bonheur des mortels. Il a désobéi à Zeus, c'est vrai. Cela vaut-il un châtiment éternel ? Je te le demande à toi, dont le père, Astrée, répand la justice et la clémence sur la terre entière.

— S'il ne s'agissait que de désobéissance ! répliqua Hypnos. Mais le Titan est responsable de terribles désordres. Les hommes sont des créatures dangereuses, il était bien placé pour le savoir.

Il poussa un grand soupir avant de reprendre :

— Tu parlais de mon père... Sais-tu qu'il a quitté la terre pour fuir la méchanceté des humains ?

— Il revient quelquefois, dit-on.

— Dans les campagnes, chez certains paysans où l'on trouve encore les vertus de jadis. Je m'y rends, moi aussi. De plus en plus rarement, car leur nombre diminue.

Il s'abîma dans un silence désenchanté. On aurait dit qu'il avait oublié la présence d'Héphaïstos.

— Il ne s'agit pas de l'endormir pour l'éternité, plaida-t-il.

— Pourquoi pas ? dit Hypnos. On pourrait faire appel à mon frère, Thanatos. Grâce à lui, il serait soulagé pour toujours.

— La mort ? Non ! se récria Héphaïstos. Un simple répit, c'est tout ce que je te demande.

Hypnos le regarda, indécis. Alors, le dieu du Feu tira de son manteau une bague d'une finesse inouïe, l'un des plus merveilleux objets jamais créés par l'orfèvre divin.

— Une pierre de lumière ? s'émut Hypnos à la vue du joyau qui ornait l'anneau précieux. Je croyais qu'il n'en existait qu'une !

— C'est elle, reconnut Héphaïstos. Je l'ai échangée à Apollon contre treize bijoux magiques, dont chacun a le pouvoir de rendre une femme amoureuse.

— Cette pierre vaut bien davantage, murmura Hypnos d'une voix rêveuse.

— Regarde-la de plus près, conseilla le dieu du Feu.

Hypnos plongea les yeux dans le joyau de lumière. Aussitôt, son esprit devint aussi vaste que l'univers, et se mit à voyager à travers les étoiles. Incapable de détacher son regard de cette merveille, il proposa :

— Deux jours et deux nuits.

— Trois, exigea Héphaïstos. Et, pendant tout ce temps, Prométhée oubliera sa souffrance et le monstre qui s'acharne sur lui.

Hypnos ne put s'empêcher de sourire : le dieu du Feu était avisé. Il savait que le sommeil ne suffisait pas toujours à supprimer la douleur. Les mortels assaillis de cauchemars pouvaient souffrir bien davantage qu'en état d'éveil.

Il appela aussitôt deux de ses fils : Morphée, dont le rôle était de faire apparaître en songe les êtres vivants, et Phantasmos qui les animait.

— Vous allez emmener le Titan Prométhée dans sa maison, au bord de la mer, près de sa compagne Clyméné, ordonna-t-il.

Les enfants s'inclinèrent avec respect. Hypnos se tourna vers Héphaïstos :

— Tu es satisfait, j'espère.

— Et toi ? demanda le dieu du Feu.

Hypnos fit miroiter la pierre qu'il avait glissée à son doigt :

— Je serais bien difficile ! Mais pourquoi offrir autant pour si peu ?

— L'amitié, voisin, murmura Héphaïstos. L'amitié vaut tous les joyaux de la terre.

Hypnos le regarda avec sympathie :

— J'espère que Zeus n'apprendra jamais ce que nous allons faire.

— Et si tu l'endormais, lui aussi, pendant trois jours et trois nuits ? suggéra Héphaïstos.

Devant l'air horrifié du dieu du Sommeil, il éclata de rire :

— Je plaisantais.

12

Le cadeau des dieux

Épiméthée n'avait pas oublié la promesse qu'il avait faite à son frère. Aussi, lorsqu'il reçut la visite d'Hermès, il se prépara à refuser son présent le plus courtoisement possible, pour ne pas offenser Zeus. Cependant le dieu aux chaussures ailées était venu les mains vides, et Épiméthée en fut à la fois soulagé et déçu.

— Ainsi, tu es allé rendre visite à ton frère ? dit Hermès.

« C'est pour cela qu'ils ont renoncé à m'offrir un cadeau ! pensa Épiméthée. Pour me punir d'avoir désobéi aux ordres divins. Mais je m'en moque ! »

Au lieu de lui faire des reproches, le messager de Zeus lui serra amicalement l'épaule.

— Je suis désolé pour lui. Il est si brillant, si ingénieux. Dommage qu'il ait préféré les hommes aux dieux !

— Ne peux-tu pas adoucir son sort ? supplia le Titan.

Hermès inclina tristement la tête, dissimulant ses yeux sous son chapeau.

— Si je pouvais ! Hélas, ça ne dépend pas de moi.

— Je pourrais rencontrer Zeus, lui parler, le convaincre...

— Il a juré sur le Styx.

— Le Styx ! balbutia Épiméthée avec consternation.

— Désormais, tu ne peux rien pour lui, ni moi non plus, dit le jeune dieu, fataliste. Viens, allons faire quelques pas ensemble.

Ils sortirent dans le jardin du Titan. Là, Hermès se mit à relater tous les potins de l'Olympe avec une telle verve qu'Épiméthée se mit à rire, en dépit de ses regrets de ne pouvoir aider son frère. Hermès était intarissable, et ses propos avaient un charme irrésistible. Mais le Titan cessa soudain de l'écouter en apercevant, à quelques pas, une femme ensorcelante. Il en avait vu, pourtant, de magnifiques créatures : des Naïades au bord des sources, de ravissantes Océanides, comme la fille d'Endoré qui l'avait enchanté tout un été, et la splendide Marpessa qui avait fini par lui préférer Apollon. Mais aucune n'égalait en beauté cette inconnue.

Il était incapable de détacher son regard de ses grands yeux pleins de douceur, de ses cheveux d'or et de son corps voluptueux. De son côté, la jeune femme ne semblait pas insensible au charme du Titan, et son sourire était une invitation à l'amour.

— Qui est-ce ? demanda Épiméthée à Hermès.

— Je te présente Pandore.

À l'énoncé de son nom, la jeune créature s'inclina avec une grâce troublante.

— Et qui est Pandore ? chuchota encore le Titan.

— Mais le cadeau de Zeus, dit Hermès d'un air innocent.

L'espace d'un éclair, Épiméthée songea à refuser, à tourner le dos et dire adieu pour toujours à Pandore. Mais il était trop tard. Il était amoureux, fasciné par les lèvres qui lui souriaient et les boucles blondes soulevées par le vent. Alors, il se persuada que rien de mal ne pouvait résulter de tant de douceur et de pureté.

Cette impression se confirma lorsque Pandore lui prit la main et l'entraîna au bord du lac qui baignait sa demeure. Après s'être débarrassée de sa robe, elle se glissa dans l'eau. Épiméthée ne tarda pas à la rejoindre et ils nagèrent longtemps côte à côte.

Du haut de l'Olympe, les dieux et les déesses

contemplaient la scène avec jubilation. Le charme de leur créature agissait à merveille. Hermès adressa un clin d'œil aux nuées, en criant :

— Bon, les enfants, je vous laisse !

Les amoureux n'entendirent pas ses paroles, et ils ne s'aperçurent pas davantage de sa disparition. Ce jour-là, les jours et les mois suivants, ils oublièrent les dieux et les hommes pour ne plus penser qu'à eux. Ils vécurent un amour intense, fait de plaisir et de passion, une sorte de rêve éveillé qui les emportait perpétuellement loin de la réalité.

Pour ne pas troubler leur félicité, les dieux écartaient d'eux les visiteurs importuns, les chagrins, les orages et les pensées moroses. Ils ne reprirent conscience de ce qui les entourait que longtemps après, en recevant la visite d'un personnage majestueux qui ressemblait à un roi.

Sous cette apparence humaine, Épiméthée reconnut Zeus. Le maître des dieux n'était pas effrayant, loin de là. Il émanait de lui une bonté et une sérénité qui fascinèrent le Titan. Pandore, de son côté, semblait charmée.

— Je vous ai apporté un cadeau de mariage, dit Zeus en faisant apparaître une boîte d'or magnifiquement travaillée.

Malgré sa splendeur, Épiméthée sut d'emblée

qu'il devait refuser le présent. Il mesurait avec soin les mots et les gestes pour le faire, quand Zeus lui tourna le dos. Ce fut à Pandore qu'il s'adressa :

— Voici la clé, dit-il. Cachez-la avec soin, car pour rien au monde vous ne devez ouvrir cette boîte. Elle renferme tous les bienfaits de la terre. En l'ouvrant, ces bienfaits s'envoleraient pour toujours. C'est bien compris ?

— Oui, répondit Pandore d'un air sage.

En voyant sa compagne toute rose de plaisir, Épiméthée n'eut pas le cœur de la décevoir. Il se dit que, puisque le précieux objet resterait éternellement fermé, il ne représentait aucun danger. Et il se tut.

— J'ai votre promesse ? insista Zeus.

— Je le jure, dit Pandore d'une voix éperdue.

Avec un sourire plein de bonté, le maître des dieux posa les mains sur la tête des deux amoureux en murmurant :

— Soyez donc heureux.

Cette bienveillance était si inattendue, venant d'un dieu qui se montrait souvent impitoyable, que le Titan en fut bouleversé. Il oublia de lui parler des souffrances de son frère, et d'implorer son pardon, comme il se l'était promis. Il se souvint de ses promesses après le départ de Zeus, et maudit son égoïsme. Les jours suivants, il tenta d'invoquer le maître des dieux, mais le ciel demeura obstinément muet. Il demanda mentalement pardon à Prométhée, puis décida :

— Demain, nous irons rendre visite à mon frère.

— Celui que les dieux ont puni ? dit Pandore en caressant les ciselures de sa boîte.

— Celui qui a fait le bonheur des hommes, rectifia Épiméthée.

Pandore le gratifia d'un sourire désarmant :

— N'est-ce pas plutôt Zeus ?

— Je l'espère, soupira le Titan.

13

La curiosité

Épiméthée interrompit son ascension pour prendre un peu de repos.

— C'est haut ! protesta Pandore.

Le Titan, qui avait porté sa compagne sur ses épaules durant la majeure partie de l'escalade, contempla le sommet de la montagne, noyé dans les nuées.

— On y est presque.

— Ce n'est pas trop tôt ! dit Pandore, épouvantée par l'abîme qui se creusait sous ses pieds.

« C'est vrai », pensa Épiméthée. Il avait maintes fois remis leur voyage, et il se sentait d'autant plus coupable que rien ne justifiait ce retard, sauf l'excès de bonheur. En compagnie de Pandore, la vie était si merveilleuse qu'il en oubliait les souffrances des autres.

Zeus avait tenu ses promesses : l'humanité ignorait désormais les maux qui l'avaient jadis tourmentée : la faim, le froid, les maladies, la souffrance, la haine, la guerre. La terre tout entière semblait prolonger le séjour des dieux : un monde d'éternelle félicité.

Pendant ce temps, au sommet de sa montagne, Prométhée souffrait atrocement.

— Montons ! dit Épiméthée.

Pandore obéit pour lui faire plaisir, malgré sa peur du vide.

Ils atteignirent la cime le lendemain. Le Titan déposa avec douceur sa compagne devant son frère enchaîné. En découvrant les blessures causées par les liens d'Héphaïstos et le visage du Titan sculpté par la douleur, Pandore, prise de pitié, porta ses deux poings à sa bouche.

— Tout ce sang !

— Frère, voici Pandore, mon épouse, annonça fièrement Épiméthée.

Prométhée contempla la femme sans dissimuler son admiration. Consciente de la fascination qu'elle exerçait sur le Titan, Pandore lui sourit, et il décela dans ce sourire un caractère divin.

— Est-ce le cadeau de Zeus ? demanda-t-il.

Devant l'embarras de son frère, il s'assombrit.

— N'est-elle pas merveilleuse ? plaisanta Épiméthée.

Prométhée sourit avec ironie.

— En tout cas, Zeus ne s'est pas moqué de toi !

Toute à son succès, Pandore ne saisit pas les réticences dissimulées sous ce compliment. Elle lui dédia une moue charmante :

— Je ne suis pas un cadeau.

— Vraiment ?

— Le cadeau, le vrai, est un coffret apporté par Zeus en personne.

Elle s'assit sur le sol, examinant avec déplaisir ses jambes ravissantes griffées par les aspérités des rochers.

— Un coffret ! s'alarma le géant enchaîné.

— Une boîte d'or contenant tous les bienfaits de l'humanité, dit Pandore avec fierté.

— Tous les bienfaits, rien que ça ! gronda Prométhée. Et vous l'avez cru ?

Comme son frère baissait la tête d'un air coupable, il s'emporta :

— Et ton serment, tu l'as oublié ?

— Non, bien sûr, protesta faiblement Épiméthée. Mais cette boîte est inoffensive, je t'assure.

— Inoffensive ? s'exclama Pandore. Magique, tu veux dire. Depuis que Zeus nous l'a confiée, le bonheur s'est répandu sur la terre. Les hommes sont heureux. Au lieu de se haïr, ils ont appris à s'aimer. La famine et la maladie ont disparu...

— Fous ! Vous êtes fous ! la coupa Prométhée avec rage. Fous de vous fier aux promesses de Zeus ! J'ignore ce que contient réellement cette boîte, mais c'est un piège. Zeus vous trompe. Pourtant, je t'avais averti ! Mais non, il a fallu que tu te laisses aveugler par de belles paroles, de beaux yeux. Regardez-moi ! Regardez mes plaies, mes yeux brûlés par le soleil et le gel. La voilà, la générosité de Zeus !

— Nous n'avons pas volé le feu du ciel, nous ! rétorqua Pandore. Pourquoi le maître des dieux ne nous comblerait-il pas, si ça lui fait plaisir ?

Prométhée partit d'un rire amer :

— Tu t'es contentée de voler le cœur de mon frère, et sa raison, enfin ce qu'il en restait. Et ce n'était pas pour faire le bonheur des hommes, tu peux me croire, mais pour accomplir le dessein des dieux !

Bouleversée par ces accusations, Pandore ne put retenir ses larmes :

— Dire que nous sommes venus de si loin pour t'aider ! C'était une erreur. Ma présence te fait plus de mal que de bien.

« Il est jaloux de notre amour », songea Épiméthée avec tristesse.

Semblant lire dans son esprit, son frère le détrompa :

— Je ne vous reproche pas d'être heureux, au contraire. Je crains seulement que ce bonheur soit éphémère. Je souhaite me tromper et que votre amour dure aussi longtemps que mon châtiment. Maintenant, partez vite ! Le monstre ne va plus tarder !

— Un monstre ! s'affola Pandore.

Épiméthée la souleva dans ses bras et se précipita sur la pente.

— Viens, il n'y a rien à faire. Tu as raison : nous n'aurions jamais dû venir !

Plus bas, Pandore vit l'aigle s'abattre sur la montagne, et elle se boucha les oreilles pour ne pas entendre les hurlements de Prométhée. « Pauvre Titan ! pensa-t-elle. Ses tourments lui ont dérangé l'esprit. Lorsqu'on voit ce qu'il endure, comment ne pas en vouloir aux dieux ? Comment croire encore à la bonté de Zeus ?

À force de se rappeler les paroles de Prométhée, elle finit par se dire qu'il n'était pas si fou. Loin de lui faire perdre la raison, la souffrance le rendait plus clairvoyant. Durant le voyage du retour, une pensée ne cessa de l'obséder : s'il avait raison ? Si Zeus les trompait ? Après tout, Épiméthée était le frère de celui qui s'était révolté contre lui. La récompense divine était suspecte.

Revenue chez elle, elle essaya d'oublier les propos de Prométhée, mais à chaque instant, elle examinait la boîte, c'était plus fort qu'elle. Elle caressait son couvercle, prenait la clé, la reposait. La nuit, elle se levait pour la sortir de sa cachette et caresser ses merveilleux motifs d'or pur. Que renfermait-elle ? Des richesses ou du vent ? Une parcelle de puissance divine, peut-être. Zeus l'avait mise là pour les tenter en leur interdisant d'y toucher. C'était une autre forme de torture, plus subtile et à peine moins douloureuse que celle de Prométhée.

Elle ne dormait plus. « Tous les bienfaits de l'humanité », avait dit Zeus. Que voulait-il dire ? La boîte était si légère !

La curiosité de Pandore était si intense, qu'elle en tremblait.

— Tu as de la fièvre ! s'inquiéta Épiméthée.

Elle sourit faiblement.

— Un peu.

En réalité, cette fièvre la consumait. Elle brûlait de savoir, de comprendre, à n'importe quel prix, à cause de la terrible maladie inoculée par Hermès.

— Tu veux te promener avec moi ? proposa Épiméthée pour la distraire.

Elle secoua ses cheveux d'or :

— Je suis trop lasse. J'ai mal dormi. Vas-y sans moi.

Elle désirait l'éloigner. Il obéit. Dès qu'il fut parti,

elle reprit la boîte, s'empara de la clé, appuya son front aux entrelacs d'or. À quoi bon attendre, puisqu'elle était décidée ? La clé tourna sans effort. Elle entendit un déclic, souleva le couvercle. Aussitôt, elle fut aveuglée par des battements d'ailes, semblables à une nuée de papillons. De minuscules créatures s'échappèrent de la boîte en riant et en criant leurs noms : Paix, Santé, Prospérité, Justice, Amour... C'étaient les bienfaits qui montaient vers le ciel pour regagner l'Olympe.

Pandore referma précipitamment le couvercle. Trop tard : la boîte était vide. Non, il restait une créature timide. Pandore ouvrit la boîte et demanda :

— Qui es-tu ?

Une voix frêle répondit :

— L'Espérance.

14

Un héros d'importance

Après la disparition des bienfaits, les maux s'abattirent sur la terre. Une épidémie inconnue décima le bétail avant de frapper les hommes. Comme si le fléau n'était pas assez grand, une guerre éclata, avec son cortège de ruines et de massacres. Pour finir, la famine régna dans des régions autrefois prospères. En proie à la misère, les mortels se souvinrent de Prométhée. Le Titan était le seul à les avoir aidés, jadis. Pour toute récompense, ils l'avaient trahi. Par leur faute, il était enchaîné au sommet du Caucase, torturé jour après jour, et pour mille ans. Au lieu d'essayer de lui venir en aide, ils avaient eu peur d'escalader la montagne maudite et de subir la colère de Zeus. Ils l'avaient abandonné et, peu à peu, ils l'avaient oublié.

Frappés par des maux innombrables, ils se souvinrent subitement de son existence. Lui seul saurait ce qu'il fallait faire pour se réconcilier avec les dieux. Ils vinrent alors en foule lui rendre visite, honteux et repentants. Mais la souffrance égarait le Titan. Il les chassa les uns après les autres, sans épargner Épiméthée. Les plus courageux tentaient de soulager sa douleur ou d'arracher ses liens. Jusqu'à l'apparition de l'aigle. En le voyant, ils s'enfuyaient, frappés d'épouvante, et rentraient chez eux, désespérés de savoir que leur protecteur souffrait mille fois plus qu'eux-mêmes.

Pour finir, ils cessèrent de venir et Prométhée en fut soulagé. Il ne supportait pas ces larves qui se lamentaient sur leur sort ou accusaient le ciel au lieu de reconnaître leur responsabilité. Du reste, les pleurs l'importunaient, au point d'apprécier sa solitude. Un matin, pourtant, un mortel survint encore.

— Fiche-moi le camp ! cria-t-il.

Sans se démonter, le visiteur prit pied au sommet de la montagne. Aussi grand que Prométhée, il était plus large que lui et dégageait une force prodigieuse.

— Héraclès ! s'exclama le Titan. Que vient faire le fils de Zeus dans ce repaire de l'horreur. C'est ton père qui t'envoie ?

Le héros secoua la tête.

— Il y a des années que je n'ai vu Zeus. Il se contente de veiller sur moi de là-haut.

— Moi aussi, comme tu peux le constater, ironisa Prométhée.

Le menton appuyé à sa massue, Héraclès contempla avec consternation le Titan supplicié qui avait été jadis son ami.

— Tu as une sale mine, grogna-t-il.

— Toi, par contre, on voit que tu n'as pas de problème de feu.

— Si, justement, dit Héraclès. Il s'agit d'un dragon, un cracheur de flammes. Il garde un trésor que j'ai pour mission de dérober. Je sais que tu es expert en la matière. Alors, je suis venu te demander de m'aider.

En dépit de son état pitoyable, Prométhée ne put retenir un fou rire, ce qui eut pour résultat d'enfoncer plus profondément dans sa chair les dents d'acier de ses liens.

— J'ignore qui t'a fourré cette idée en tête, mais permets-moi de te dire que cette personne était mal informée.

— Je sais qu'un danger me guette, mais j'ignore lequel, avoua Héraclès. Or, j'aime bien regarder mes ennemis en face. Toi, tu peux me dire ce qui m'attend, car tu sais lire l'avenir.

Prométhée dissimula sa joie en devinant le parti

qu'il pourrait tirer de ses conseils. Si Héraclès avait besoin de son appui, en ce qui le concernait, il appréciait à sa valeur un allié de cette taille.

— Conte-moi toujours ton histoire, dit-il.

Après avoir déposé son arc et sa massue, le héros s'assit sur le faîte de la montagne, les jambes suspendues dans le vide.

— Je dois cueillir deux pommes d'or dans le jardin des Hespérides, expliqua-t-il.

Prométhée émit un sifflement admiratif :

— Les pommes offertes en cadeau de noces à Héra et replantées par Athéna ? Tu es sûr que tu ne préfères pas des fruits plus comestibles ?

— Un travail que m'a commandé mon cousin Eurysthée.

— Décidément, tu n'en finiras jamais avec tes travaux !

— Cette fois-ci, c'est le dernier, le douzième, grommela Héraclès en abandonnant son perchoir, d'un bond qui ébranla la montagne.

Prométhée hocha la tête :

— Je crois pouvoir t'aider.

— Je savais que je pouvais compter sur toi ! rugit Héraclès en administrant une bourrade au Titan, qui grimaça de douleur.

— Mais dans cet état, je ne suis pas bon à grand-chose, soupira Prométhée.

— Quoi ? Tu veux que je te détache ?

— Si ce n'est pas trop te demander.

Le héros se mit aussitôt à l'œuvre. Ses mains puissantes arrachèrent les liens enfoncés dans la montagne. Puis il brisa un à un les cercles d'acier qui emprisonnaient les membres du Titan. Délivré, celui-ci chancela. Son corps était couvert de sang, là où l'acier avait mordu sa chair. Mais l'ivresse de la liberté lui fit oublier sa souffrance.

— Tiens, mets ça, dit Héraclès en lui tendant un pot de terre cuite. C'est un baume que m'a donné Paean, le médecin des dieux. Il a guéri Arès et Athéna.

— Tu es un frère ! s'exclama Prométhée.

Il étala le baume sur ses blessures et celles-ci se refermèrent aussitôt.

— À un frère, on ne refuse rien. Pour tes pommes, voici ce que tu vas faire : comme tu le sais, le jardin des Hespérides se trouve au nord du continent noir, près de l'océan de la fin du monde. Athéna a choisi ce lieu inaccessible et merveilleux pour cultiver ces fruits divins et les préserver des voleurs de notre espèce.

— Parle pour toi, ricana Héraclès.

— C'est ce que je fais. Les Hespérides sont les nymphes du soir. Brunes, ravissantes, comme tu pourras le constater. Elles dansent divinement autour des sources où l'on recueille l'ambroisie, le breuvage des immortels. Tu auras envie de les rejoindre.

Le héros frappa dans ses mains :

— Et comment !

— Abstiens-toi de t'en approcher, recommanda Prométhée. Admire-les de loin, car le pommier sacré est gardé par un dragon monstrueux, fils de Typhon et d'Échidna.

Héraclès renifla avec mépris.

— Les dragons, je connais : n'oublie pas que j'ai tué l'hydre de Lerne.

— Oui, mais celui-là est d'une espèce particulière : il est capable de lire dans les pensées. Tu auras beau faire, il saura que tu viens dérober les pommes d'or et il te transformera en rôti dès que tu auras mis un pied dans le jardin.

— Je savais qu'il y avait un os ! gronda le héros. Alors, qu'est-ce que je dois faire ?

— Tu vas aller trouver Atlas et le persuader de cueillir les pommes à ta place.

— Le géant qui soutient la voûte du ciel ? Pourquoi accepterait-il ? Il se fera carboniser, lui aussi !

— Atlas est mon frère, je le connais. Ce n'est pas qu'on s'aime beaucoup, tous les deux, mais je dois reconnaître qu'il est courageux. Borné et courageux. Il a une autre précieuse qualité : les Hespérides sont ses propres filles. Elles ne réveilleront pas le dragon.

— On dit qu'elles cueillaient les pommes, jadis.

— C'est pour ça que la déesse a placé le monstre au pied de l'arbre, pour les dissuader de voler les fruits divins.

— Mais si le dragon peut lire mes pensées, il lira aussi bien celles d'Atlas, fit remarquer Héraclès.

— Ne t'inquiète pas pour ça : mon frère a le cerveau rempli d'étoiles. Impossible d'entrer là-dedans sans être pris de vertige. Tu comprendras en le voyant. Notre dragon sera plongé dans un tourbillon de constellations et de nuées éblouissantes. Quand il réalisera ce qui se passe, il sera trop tard : Atlas aura déjà quitté les lieux.

Soudain, Prométhée frémit en regardant le ciel puis il poursuivit :

— Si tu m'en crois, nous devrions en faire autant.

— Pourquoi ? À cause de cet oiseau ? dit Héraclès avec dédain.

— L'aigle de Zeus, oui, celui qui me dévore le foie depuis vingt ans. En t'écoutant je n'y pensais plus, mais lui ne m'oublie pas.

En voyant le monstre approcher à tire-d'aile, il se prépara à prendre la fuite.

— Viens ! pressa-t-il.

Héraclès s'étira paresseusement.

— Il n'y a pas le feu !

Il choisit un trait de métal dans son carquois,

banda son arc et, presque sans viser, il décocha sa flèche vers le ciel.

Frappé en plein vol, l'aigle battit des ailes et s'abattit avec un cri d'agonie. Sa chute entraîna une avalanche qui résonna dans la montagne.

— Il est mort ? demanda Prométhée, incrédule.

Héraclès sourit avec une satisfaction cruelle.

— Nul ne guérit de mes blessures, sauf les dieux, et encore !

— Bon débarras ! jubila Prométhée. Mais que va dire Zeus ? Il ne sera peut-être pas content de perdre son oiseau favori.

— Ne te fais pas de mauvais sang pour mon père. Regarde : le ciel est radieux. C'est la preuve qu'il nous a déjà pardonnés. Quitte cet endroit maudit.

— Jamais je n'oublierai ce que je te dois, dit Prométhée avec émotion.

— Moi non plus, si j'obtiens mes pommes. Où vas-tu aller ?

— Au bord de la mer. La montagne ne me réussit pas. Et Clyméné m'attend depuis si longtemps ! J'ai un fils, il s'appelle Deucalion. À présent, il doit avoir vingt ans et je ne l'ai jamais vu.

— Je viendrai vous rendre visite, promit Héraclès.

Leurs mains se joignirent. Puis le héros, empoignant ses armes, s'élança sur la pente. Un peu plus bas, il se retourna et cria :

— Un conseil, Titan : si tu veux obtenir quelque chose des dieux, dorénavant, ne le vole pas. Demande-le poliment !

15

Le jardin des Hespérides

Après avoir quitté Prométhée, Héraclès marcha sans répit jusqu'à l'extrémité occidentale du monde, où s'étendait le jardin des Hespérides. Il constata que le Titan n'avait pas exagéré : l'endroit était réellement merveilleux. Des fleurs rares poussaient dans les champs, et leurs parfums suaves suscitaient des rêves étranges. Le vent froissant les arbres composait de sublimes musiques, mixées à celle des sources et aux rires des Héspérides.

Les trois jeunes filles étaient ravissantes. L'une se nommait Éclat, l'autre Rouge Ciel, la troisième Fontaine du Soir. Héraclès ne se lassait pas de les regarder se baigner, courir dans les prés fleuris, et chanter avec mélancolie quand le jour laissait place à la nuit.

Le héros brûlait de se précipiter dans le jardin, mais l'avertissement de Prométhée lui revint en mémoire et il se mit à la recherche d'Atlas. Celui-ci n'était pas difficile à trouver. Haut comme une montagne, il masquait l'horizon. Héraclès se redressa de toute sa taille, perça les nuages et aperçut une tête tourmentée aux cheveux hirsutes, semblables à d'épaisses forêts. Les deux bras musculeux du géant soutenaient la voûte étoilée.

— Qui es-tu ? gronda-t-il.

— Héraclès, fils de Zeus.

Atlas n'eut pas l'air d'entendre. Les yeux levés, il contemplait le ciel avec extase.

— Regarde comme c'est beau !

— Magnifique, reconnut Héraclès. Je suis venu te voir sur les conseils de Prométhée...

— Cette constellation, là-bas, c'est Orion, coupa le géant. Un grand chasseur, mais il a commis la folie de s'attaquer à Artémis. Pour le punir, la déesse a envoyé un gigantesque scorpion qui l'a piqué au talon. Il en est mort. Les dieux, compatissants, l'ont changé en une constellation qui porte son nom. Admire l'humour d'Artémis : elle a fait du scorpion une autre constellation. Regarde bien : on dirait qu'Orion continue à fuir le monstre au milieu du ciel.

— C'est vrai, dit Héraclès. Je disais donc que j'avais besoin de ton aide...

— Et vers l'Orient, ces deux traînées brillantes, ce sont les Coronides, des comètes, poursuivit Atlas, imperturbable. Elles se nomment Métioché et Ménippé. Elles étaient filles d'Orion. Comme la peste sévissait dans leur pays, elles ont offert leurs vies pour faire cesser l'épidémie. Les dieux infernaux, Hadès et son épouse Perséphone, ont eu pitié d'elles et les ont transformées en astres éblouissants.

« Le ciel lui a tourné la tête ! songea Héraclès. Allumé comme il est, je n'arriverai à rien ! » Excédé, il lui asséna un coup de massue sur l'épaule.

— Qu'est-ce qui te prend ? Tu deviens fou ! s'écria Atlas en vacillant. Veux-tu ébranler le ciel ?

— Tout ce que je désire, c'est un moment d'attention, dit le héros.

— Mais d'abord, qui es-tu ?

— Héraclès, je te l'ai dit.

— Le fils de Zeus ? Tu crois peut-être que j'ai du temps à gaspiller avec les bâtards ?

Ses yeux se perdirent de nouveau parmi les étoiles.

— Ah ! Les Pléiades, mes filles, murmura-t-il avec une tendresse surprenante. J'en ai sept, mais ma préférée est Maia, cette étoile blonde, là-haut. Tu la vois ?

— N'aimerais-tu pas prendre un peu de repos ? proposa Héraclès.

— Du repos ? dit Atlas, soudain attentif.

— Ah ! Je vois que l'idée t'intéresse. Prométhée m'avait dit : « Va aider un peu mon frère. »

— Prométhée a dit ça ? bougonna le Titan soupçonneux.

— Oui, et qu'en échange, tu m'aiderais à cueillir les pommes d'or du jardin des Hespérides.

Atlas eut l'air éberlué :

— Que comptes-tu faire de ces pommes ? Tu as beau être le fils de Zeus, les fureurs conjuguées d'Héra et d'Athéna, ça fait beaucoup !

— Je dois rapporter ces fruits à mon cousin Eurysthée, le roi de Mycènes et de Tirynthe. C'est lui qui devra affronter les déesses.

— Qu'attends-tu de moi ?

— Que tu ailles cueillir les pommes à ma place. Elles sont gardées par un dragon qui ne me dit rien qui vaille. Toi, tu n'en feras qu'une bouchée, paraît-il. Et puis, tu dois avoir envie de revoir tes filles, les Hespérides, non ?

— Tu oublies un léger détail : si je lâche la voûte céleste, le monde s'écroule. Et je ne peux tout de même pas l'emporter avec moi.

— Rassure-toi : je prendrai ta place. Zeus n'y trouvera rien à redire, tu pourras ainsi te reposer.

Atlas réfléchit quelques instants, puis il partit d'un gros rire :

— Pourquoi pas ? Je sens que j'ai grand besoin de vacances. Viens ici, l'ami.

D'un geste adroit, il fit glisser la voûte céleste sur les épaules d'Héraclès, puis il s'étira avec volupté.

— Sacré fardeau ! grogna le héros, courbé sous le poids.

— Tu verras, on s'habitue, dit Atlas avec bonne humeur. Et puis, quel spectacle ! Toutes ces étoiles ! En les contemplant, on perd vite la notion du temps.

Héraclès se renfrogna.

— En attendant, dépêche-toi. Je suis pressé.

Atlas s'éloigna en chantonnant. En son absence, pour se distraire, Héraclès se perdit dans la contemplation du ciel. Il apprit à reconnaître les dieux et les héros métamorphosés en astres flamboyants. Sa fascination fut telle qu'il eut l'impression d'être lui-même une étoile, menant sa course à travers les champs de feu des galaxies. De cette façon, il crut que l'absence d'Atlas avait été courte, alors que deux jours entiers s'étaient écoulés lorsque le géant revint de son expédition.

— Ça s'est bien passé ? demanda-t-il.

— À merveille.

— Le dragon ?

— Endormi comme un bébé.

— Et mes pommes ?

— Les voici, dit Atlas en exhibant les fruits merveilleux dissimulés dans sa tunique.

— Donne vite, et reprends ta place. Mon cousin m'attend.

Au lieu d'obtempérer, le Titan enveloppa avec soin les pommes d'or dans un pan de son vêtement. Puis il fourragea dans ses cheveux en broussailles.

— Après avoir mûrement réfléchi, annonça-t-il, j'ai décidé qu'il valait mieux que j'apporte moi-même ces somptueux cadeaux à ton cousin. Ça me fera du bien : il y a des siècles que je n'ai pas voyagé.

— Je vois, gronda Héraclès. Tu t'imagines que je vais te remplacer éternellement ?

— Je n'imagine pas, je constate, dit Atlas, goguenard.

— Soit, soupira Héraclès. Du reste, je me suis attaché à ce ballet céleste. Je crois qu'il me manquerait si je devais m'éloigner. Mais je n'aimerais pas lâcher mon précieux fardeau. Zeus serait furieux et risquerait fort de te rendre responsable de la catastrophe, ce qui serait injuste. Aussi, évitons de prendre des risques. J'ai besoin d'un coussin pour soulager mes épaules. Tiens, reprends-moi le ciel quelques instants, le temps que je remplisse mon manteau de terre et de feuillage.

De peur d'être foudroyé en cas d'accident, Atlas déposa les pommes d'or sur le sol et obéit. Dès que le Titan eut repris sa place sous la voûte étoilée, Héraclès récupéra les pommes d'or et le salua.

— Je te laisse à tes constellations, dit-il. Mon père sera rassuré d'apprendre que tu t'occupes consciencieusement de ses étoiles.

16

L'oracle

— Zeus s'est encore moqué de toi, dit Clyméné avec une moue boudeuse.

Prométhée regarda amoureusement la belle Océanide. Au cours de leurs vingt ans de séparation, tandis qu'il souffrait au sommet du Caucase, sa compagne n'avait pas pris une ride. Il l'avait retrouvée aussi jeune et fraîche qu'au jour où il l'avait rencontrée. Privilège divin, car Clyméné était fille d'Océan et de Thétys, gracieuse divinité marine.

— Pas cette fois, non, répliqua le Titan.

Ils éclatèrent de rire ensemble, car, chaque fois qu'il se déplaçait, Prométhée était contraint de porter dans ses bras un pesant rocher, attaché à son doigt par un anneau d'acier. Le maître des dieux l'avait astreint à cette corvée, sous prétexte qu'ayant prêté serment sur le Styx de ne jamais libérer le Titan de sa montagne, Prométhée devait rester lié à celle-ci de quelque façon que ce fût.

— Contrairement aux apparences, c'est moins insupportable que d'être cloué au sommet, en proie à un monstre.

— Mais peu confortable lorsque je suis dans tes bras, ajouta Clyméné en riant de plus belle.

— J'en conviens, soupira Prométhée avec une grimace expressive.

Au même instant, un colosse armé comme pour la guerre, d'un casque et d'une cuirasse, fit une entrée fracassante dans leur demeure. Il ôta son casque, le jeta dans un coin et roula des yeux effarés.

— Que fais-tu avec ce caillou ?

— Une nouvelle idée de ton père, maugréa Prométhée, en reconnaissant Héraclès. Il exige que je reste lié à sa montagne.

Le héros, hilare, se tapa sur les cuisses.

— J'avoue que Zeus ne manque pas d'inspiration ! rugit-il, entre deux accès de gaieté.

— Ah, non ! Tu ne vas pas t'y mettre, toi aussi, dit le Titan avec irritation. Parle-moi plutôt des pommes d'Héra ? Tu as réussi ?

— Grâce à toi, opina Héraclès. Atlas a bien

essayé de tricher, mais ce n'est pas un mauvais garçon. Quant à Eurysthée, dès qu'il a pris possession des pommes, son premier soin a été de les restituer à Athéna. La déesse a fait les gros yeux, mais elle a pardonné. Et toi, raconte, que deviens-tu ?

— Je traîne, répondit Prométhée en se laissant tomber sur un banc.

Son rocher était si volumineux, qu'après l'avoir déposé sur ses genoux, il était obligé d'incliner la tête pour apercevoir son interlocuteur.

— Tu ne peux pas intercéder en faveur de mon époux ? supplia Clyméné.

Le héros prit l'air désolé.

— Il ne m'écoutera pas. Zeus s'en remet à moi pour la guerre, jamais pour la justice.

— La justice, parlons-en ! grommela Prométhée.

Soudain, il s'interrompit. Son visage se figea, avant de s'illuminer :

— Il existe peut-être un moyen... Le Styx. Oui, c'est ça : le Styx ! Je pourrais prêter moi aussi serment sur le fleuve infernal.

— Quel serment ? s'écria Héraclès, intrigué. Tu n'est pas un dieu, que je sache ?

— Je suis seul à connaître le terrible danger qui menace ton père. Cependant, celui-ci est bien réel. Zeus pourrait avoir un fils capable de le détrôner.

— Tu es sûr de cette destinée ?

— Je suis devin.

— J'en suis témoin.

Héraclès caressa pensivement sa barbe blonde.

— Donc, tu veux jurer sur le Styx que tu révéleras à mon père ce qui le menace, en échange de la promesse de ta complète liberté ?

Prométhée acquiesça :

— Tu as tout compris. Ainsi, les deux serments s'annuleraient.

— J'espère que tu es sûr de toi, dit Héraclès, car si jamais tu te trompais, ce que tu as subi sur le Caucase serait une douce récréation comparé à ce que tu devrais endurer.

Le sourire de Prométhée trahit un soupçon de nervosité, tandis qu'il pensait à haute voix :

— C'est Zeus qui a défini les règles du serment. Il restera fidèle à ce qu'il a institué.

Clyméné battit des mains :

— C'est génial !

— Nous n'allons pas tarder à le savoir, annonça Héraclès.

Il se recueillit un instant, puis murmura :

— Zeus, je t'en prie, viens dans cette demeure, au nom de ton fils aimant et respectueux.

Avec une rapidité dont il fut le premier étonné, Héraclès vit la maison de Prométhée s'illuminer. De cette lumière éblouissante, le maître des dieux surgit, immense et majestueux. À côté de lui, malgré leur robustesse, le Titan et le héros semblaient tout petits.

— Qu'as-tu à me dire ? Parle ! ordonna le maître des dieux.

Pour toute réponse, Prométhée, soutenant son rocher dans une main, tendit l'autre d'un geste solennel, en disant :

— Je jure par le Styx de révéler à Zeus sa destinée, s'il consent à renier son serment et à m'accorder ma liberté.

— N'es-tu pas libre ?

— Presque, répondit Prométhée en exagérant l'effort nécessaire pour hisser son rocher sur son épaule.

Zeus brandit son poing pour montrer au Titan qu'il était armé de sa foudre.

— Un conseil : tâche que ton oracle soit à la hauteur de ma clémence.

« Ce ne sera pas difficile ! » pensa Prométhée.

Quelques instants plus tard, répondant à l'appel de son père, Héphaïstos les rejoignit en claudiquant et détacha l'anneau du doigt du Titan. La pierre tomba à terre. Héraclès s'en saisit et, sortant de la demeure, la lança de l'autre côté de la montagne voisine. Héphaïstos voulut s'éclipser, mais Zeus le retint :

— Reste. Ce voleur de feu peut encore avoir besoin de tes services !

— C'est trop d'égards, murmura Prométhée.

S'approchant du maître des dieux, il murmura sur le ton de la confidence :

— Cousin, tout le monde sait que tu es amoureux de la belle Thétis.

— Comment ça, tout le monde ? s'étrangla Zeus. C'est mon frère, Poséidon, qui la poursuit de ses assiduités.

Prométhée s'inclina avec respect.

— Si la rumeur est fausse, tant mieux, tu n'as rien à craindre. Je te supplie de pardonner ma méprise.

— Et quand cela serait ? Ne suis-je pas le maître ? Libre d'aimer qui je veux ? s'emporta Zeus.

Prométhée dissimula un sourire :

— Alors, c'est vrai !

— J'ai dit : « quand cela serait », tonna Zeus.

— Dans ce cas, la situation serait grave, car le fils qui naîtrait de tes amours avec Thétis serait plus puissant que toi et il te détrônerait un jour. Voilà ce que dit l'oracle.

— Et c'est tout ? dit Zeus avec une feinte déception.

— N'est-ce pas assez ? s'exclama Prométhée.

Le maître des dieux se tourna vers Héraclès et Héphaïstos pour les prendre à témoin.

— Vous croyez que cela mérite la liberté ?

Le Titan, consterné, vit hésiter ceux qu'il considérait comme ses amis. Par leur faute, Zeus risquait de le condamner de nouveau à une peine cruelle. « Ingrats ! Traîtres ! » songea-t-il avec amertume.

Brusquement, ils éclatèrent de rire tous les trois avec un bel ensemble.

— Tu es libre, et je te pardonne, décréta Zeus. Il faut reconnaître que tu as bien négocié, car il te restait mille ans à purger sur ta montagne.

— Neuf cent quatre-vingts, rectifia Prométhée.

— Un peu trop habile à mon gré, dit Zeus. Je compte te surveiller de très près.

— Surveille plutôt tes amours, cousin, répliqua Prométhée. Elles sont plus dangereuses que mes larcins.

— J'ai commis une erreur : j'aurais dû ordonner à l'aigle de te dévorer la langue au lieu du foie, gronda Zeus en disparaissant dans un bruit de tonnerre.

17

La mort du centaure

— Tu me dois un voyage, compagnon, décida Héraclès.

Prométhée lança à Clyméné un regard désappointé. Il s'était juré, sitôt délivré, de se promener avec elle, de nager, de jouer, de l'aimer. De rattraper en vingt jours vingt ans de séparation. Mais, après le départ de Zeus, Héraclès s'était incrusté, et le Titan ne pouvait le chasser sans faire preuve d'ingratitude, car c'était grâce à lui qu'il avait cessé de souffrir et retrouvé ceux qu'il aimait.

— Quel voyage ? demanda-t-il sans enthousiasme.

— Il s'agit de rendre visite à un ami, dit Héraclès.

— Ne pourrait-on attendre le mois prochain ?

— Chaque jour compte.

À l'accent du héros, Prométhée comprit qu'il ne s'agissait pas d'un caprice. Héraclès avait besoin de son aide, et il ne pouvait refuser.

— Vous serez absents longtemps ? s'informa Clyméné, incapable de cacher sa déception.

Héraclès sourit.

— Une semaine, pas plus. Ensuite, vous aurez toute l'éternité.

— L'éternité ! Seuls les dieux peuvent en jouir, songea Prométhée, furieux des jours qu'il allait perdre.

Ils prirent leur course le lendemain vers les montagnes de Thessalie, au nord de la Grèce. Définitivement débarrassé de ses chaînes et de son fardeau, Prométhée se sentait pousser des ailes et distançait souvent son compagnon. Durant une halte, au bord d'un torrent, tandis qu'ils se désaltéraient, le Titan protesta :

— Tu ne m'as même pas dit où nous allions !

— Chez mon ami Chiron, sur le mont Pélion.

— Le centaure ! s'exclama Prométhée.

Le regret de quitter celle qu'il aimait fut adouci par le plaisir de rencontrer l'un des êtres les plus sages de l'univers. Chiron était un centaure, c'est-à-dire une créature pourvue d'une tête et d'un buste d'homme sur un corps de cheval. De mœurs sauvages, les centaures tuaient pour un rien et se nourrissaient de chairs crues. Mais Chiron était très différent de ses congénères. Son apparence monstrueuse abritait un génie prodigieux et une bonté infinie.

— Est-il aussi savant qu'on le prétend ? demanda le Titan.

— Davantage. Il enseigne toutes les sciences du monde, et la morale, et la musique. Ses élèves sont célèbres : Apollon et son fils, Asclépios, le dieu de la Médecine.

— On dit que la médecine est sa vraie spécialité.

Le sourire d'Héraclès se teinta de mélancolie :

— La médecine, bien entendu.

— Il est capable de soigner toutes les maladies, de guérir toutes les blessures.

— Il y a des blessures impossibles à guérir, dit Héraclès d'une voix sourde.

— Lesquelles ?

— Celle dont il souffre précisément.

Prométhée regarda son compagnon d'un air interdit :

— Tu ne veux pas dire que Chiron est en danger, qu'il va mourir ?

— Mourir, non, c'est là le drame. Chiron est le fils du dieu Cronos et de Philyra, une fille d'Océan. Il est donc immortel et condamné à souffrir éternellement.

Prométhée ne put s'empêcher de frissonner au souvenir de sa propre torture qui devait durer mille ans. Il s'indigna :

— Qui a pu blesser Chiron, le plus doux des êtres, le plus généreux ?

— Moi, dit Héraclès.

Prométhée crut avoir mal entendu. Mais l'air accablé du héros le persuada que c'était bien la vérité.

— L'an dernier, à mon retour de l'Érymanthe, soupira Héraclès, je me suis arrêté chez Pholos, un centaure ami de Chiron. Un joyeux compagnon. Le repas qu'il m'a servi était succulent.

— Des viandes crues ! grimaça Prométhée.

— Les miennes étaient rôties et assaisonnées de sauces délicieuses. Tout allait bien, jusqu'au moment où j'ai réclamé du vin. Pholos en avait une jarre. Un breuvage divin, offert par Dionysos. Pholos m'a dit qu'il appartenait à tous les centaures, mais je l'ai persuadé de déboucher la jarre, que les centaures n'y verraient pas d'inconvénient. Il a accepté et nous avons commencé à boire. C'est alors que les centaures ont fait irruption, fous furieux, armés de pierres et de haches. J'ai dû protéger Pholos, car ces créatures féroces l'auraient massacré. J'ai donc pris mon arc...

Héraclès se passa une main sur le front comme pour dissiper un cauchemar.

— Tu me connais : dans la fureur du combat, j'ai du mal à me contrôler. Ce fut un vrai massacre. Les centaures survivants se sont réfugiés dans la demeure de Chiron, au cap Malée. Je les croyais calmés, mais l'un d'entre eux, Élatos, m'a lancé une pierre. J'ai riposté. Ma flèche lui a traversé le bras puis s'est plantée dans le genou de Chiron.

— Blessure sans gravité ! s'exclama Prométhée.

Héraclès secoua la tête avec désespoir :

— Hélas, non. J'ai soigné Chiron tant que j'ai pu. Tu sais qu'il possède la science des plantes médicinales. Nous avons essayé tous les onguents possibles. Sans résultat. La plaie s'est infectée et la douleur n'a cessé d'augmenter.

— Une vraie malédiction ! se désola Prométhée.

— Dont je suis responsable, dit Héraclès avec une fureur contenue. Après avoir tué l'hydre de Lerne, j'ai trempé la pointe de mes flèches dans son venin mortel. Depuis, les blessures qu'elles provoquent sont incurables. Grâce à ce terrible poison, j'ai exterminé les oiseaux du lac Stymphale, qui dévoraient les hommes. J'ai décimé des tyrans, et des monstres comme l'aigle qui te tourmentait. Comment prévoir que je ferais du mal à mon ami le plus cher ?

— Ce n'était pas ta faute, murmura Prométhée.

Héraclès secoua la tête avec accablement. Voyant

que rien ne pourrait le consoler, le Titan respecta son silence durant le reste de leur voyage.

En arrivant au pied du Pélion, Héraclès parut éprouver une sorte d'apaisement. Prométhée attribua cela au soin d'épargner à Chiron le spectacle de son désespoir.

Le centaure habitait une grotte remplie de merveilles : instruments de musique, outils de chirurgie, matériels scientifiques, qui intriguèrent Prométhée. Chiron était prostré sur un lit de paille recouvert de fourrures. En voyant entrer les deux géants, il se leva pour les accueillir. Prométhée fut impressionné par la plaie qui lui dévorait la jambe et par l'odeur affreuse qui s'en dégageait.

— C'est là ton ami ? s'écria le centaure.

— Prométhée, oui. Comment vas-tu ?

Chiron fit un effort pour sourire.

— Mal. Le feu du dragon me dévore jour et nuit. Je n'en peux plus, et seule la pensée de votre arrivée prochaine m'a empêché de sombrer dans la folie.

Il saisit les mains de Prométhée :

— C'est donc toi, mon sauveur, qui vas me délivrer ?

Prométhée jeta un regard stupéfait à Héraclès. Que lui avait-il raconté ? Il possédait, certes, un certain don pour soigner les mortels, mais sans comparaison avec la science de Chiron. Si le centaure avait échoué, que pourrait-il tenter, lui, malgré toute son ingéniosité ?

— Que dit Zeus ? demanda Héraclès.

— Il accepte, et de grand cœur, répondit Chiron. Il ne reste plus que ton consentement.

Comprenant que le centaure s'adressait à lui, Prométhée balbutia :

— Qu'attends-tu de moi ?

— Tu ne lui as rien dit ? s'étonna Chiron.

Héraclès secoua lentement la tête :

— J'attendais la décision de Zeus.

Le héros posa une main chaleureuse sur l'épaule du Titan.

— Chiron te propose d'échanger son immortalité contre ta mortalité.

— Moi, immortel ? s'écria Prométhée, effaré. Et Zeus accepte ?

« C'est impossible » se dit-il. Cependant ses deux compagnons attendaient sa réponse avec une gravité pleine d'espoir.

À l'instant d'acquiescer, il fut pris de scrupules :

— Si j'accepte, tu vas mourir !

Chiron hocha la tête :

— Je serai enfin guéri. Tu ne peux pas imaginer combien cette pensée m'est douce. Lorsque tu étais sur ta montagne, en proie jour et nuit à la torture, n'aurais-tu pas accueilli la mort comme une délivrance ?

— Si, mais tu vois : je vis en liberté, maintenant, grâce à Héraclès.

— Moi, aucun héros ni aucun dieu ne viendra me délivrer, personne si ce n'est toi.

— Alors, puisque c'est ta volonté et celle de Zeus, j'accepte, abdiqua Prométhée.

Aussitôt, le visage de Chiron s'épanouit. Jamais, chez aucun mortel, chez aucune divinité, le Titan n'avait vu rayonner un tel bonheur. Le centaure les serra tour à tour dans ses bras, avant de les pousser hors de la grotte.

— Laissez-moi maintenant. Je veux m'endormir. L'un de vous a pris ma vie, l'autre mon immortalité, mais je ne vous en veux pas, au contraire. Sachez que je suis heureux. Zeus a promis de faire de moi une constellation : le Sagittaire. Je voulais embellir la terre, j'embellirai le ciel. J'avoue que je ne suis pas mécontent du marché.

18

Le jugement des dieux

— Que pensez-vous des mortels ? demanda Zeus.

— Tous des impies ! s'emporta Athéna. Ils se moquent de nous, nous ignorent ou nous insultent !

— La plupart se complaisent dans la laideur et le vice, dit Aphrodite.

Héra repoussa si brutalement son siège d'or que celui-ci faillit tomber en arrière.

— Ils pillent nos temples et n'hésitent pas à massacrer nos prêtres !

— Ils sont plus menteurs que moi, ce n'est pas peu dire, ajouta Hermès.

— Les mensonges des dieux sont encore des vérités, dit Zeus d'un ton sentencieux. J'ai trop longtemps toléré les mensonges des hommes, leurs trahisons, leurs profanations. La terre entière est infectée par leur race maudite. Cela doit finir !

— Ils ne redoutent même plus ta foudre, dit Arès d'un air outragé.

— C'est ce que nous verrons ! tempêta le maître de l'Olympe.

Oui, il s'était montré trop clément à l'égard des hommes. Au lieu de leur reprendre le feu, après le vol de Prométhée, il s'était contenté de leur envoyer Pandore. Certes, le cadeau était empoisonné, mais c'était tout de même une charmante attention. Et avec sa boîte emplie de tous les bienfaits, il leur avait laissé l'occasion d'être heureux. Du reste, ils l'avaient été pendant un certain temps. L'âge d'or régnait sur terre, jusqu'à ce que la curiosité de Pandore ne brise cette béatitude. Cependant, les maux dont souffraient les mortels ne justifiaient pas leurs crimes. Ils auraient dû implorer les dieux au lieu de les maudire. Leur orgueil et leur cruauté étaient seuls responsables de leur destinée.

— Je vais balayer tout ça, en finir une fois pour toutes avec ces misérables ! Créer un monde neuf, décréta-t-il.

La plupart des dieux approuvèrent. Pourtant, ils se demandaient ce qu'il adviendrait des lieux qu'ils aimaient : Athéna regretterait les champs d'oliviers de l'Attique ; Apollon, les bosquets de lauriers ;

Héphaïstos, ses forges de Lemnos ; Artémis, les grandes forêts d'Arcadie où elle avait l'habitude de chasser. Ils avaient rencontré bien des drames, au cours de leurs séjours terrestres, mais vécu aussi de passionnantes aventures. Et les délices de l'Olympe risquaient à la longue de leur paraître bien fades, comparées à la folie et aux rêves des hommes.

Jusqu'ici, l'une des divinités était restée silencieuse : c'était Poséidon, tout-puissant frère de Zeus, dieu des Mers, capable d'ébranler la terre avec son trident. Il montait rarement sur l'Olympe, préférant ses demeures sous-marines aux palais d'or du séjour céleste.

— Tu es vraiment le dieu des paradoxes ! dit-il d'un air renfrogné. Tu veux exterminer les mortels, mais tu pardonnes à Prométhée. Je serais curieux de savoir pourquoi !

— Il me plaît, voilà tout, répondit Zeus.

— Prométhée ? Ce voleur ! Pourtant le temps n'est pas si loin où tu ne trouvais pas de supplices assez horribles pour punir ses crimes !

— Eh bien, j'ai changé d'avis. Le Titan est astucieux, inventif, parfois oublieux de ses devoirs envers moi, j'en conviens, mais il agit toujours par générosité plus que par malveillance, ce qui n'est pas ton cas.

— Je croyais que tu ne supportais pas ses insolences.

— Quelquefois. Mais il me fait rire, pas toi.

— Et c'est la raison pour laquelle tu lui as accordé l'immortalité ?

— C'était le souhait de Chiron, ne fais pas semblant de l'ignorer !

— Il y avait d'autres candidats, infiniment plus dignes que lui. Je me suis laissé dire que tu avais choisi le Titan, non pour ses mérites, mais parce qu'il t'avait rendu un grand service, persifla Poséidon.

— Que cherches-tu à insinuer ?

— Je parle de Thétis.

« Il est jaloux ! » Cette pensée fit plaisir à Zeus, car ayant dû renoncer à la ravissante Néréide, il ne tenait pas à la voir échouer dans les bras de son rival.

— Me reprocherais-tu de n'avoir pas répondu à l'amour de la fille de Nérée ?

Le dieu des Mers frappa si violemment le sol de son trident que le palais du maître des dieux en fut ébranlé.

— Tu t'es contenté de l'éloigner, car elle me préférait à toi !

— Présomptueux ! dit Zeus.

— Perfide !

Les deux frères s'affrontaient avec une violence inouïe. Leurs querelles étaient toujours terrifiantes, car si le maître des dieux brandissait la foudre, le dieu des Mers était à peine moins redoutable avec son trident capable d'abattre des montagnes.

— Assez ! cria Héra. Au lieu de nous assourdir, écoutez plutôt les Charites. Leurs chansons sont plus mélodieuses que vos hurlements.

— Toi, la paonne, occupe-toi de tes affaires ! répliqua Poséidon avec hargne. Cette discussion ne te regarde pas !

— Si, précisément, rétorqua Héra, sans se laisser intimider par la masse imposante du dieu des Mers. J'ai beaucoup d'affection pour Thétis. Je l'ai élevée comme ma fille. Aussi, tu comprendras ma satisfaction de voir l'oracle de Prométhée l'éloigner de deux butors tels que vous !

— Quel oracle ? grommela Poséidon.

— Je t'expliquerai, promit Zeus, dont le rire fit trembler le toit d'or de son palais.

Voyant son père de bonne humeur, Héphaïstos jugea bon d'en profiter pour intercéder en faveur des mortels.

— Pourquoi ne pas laisser une dernière chance aux hommes ? suggéra-t-il.

— Une chance ? Ils en ont eu mille ! tonna Zeus. Non, cette fois, ma patience est à bout. Ma décision est prise. Les hommes disparaîtront, et avec eux, tous ceux qui chercheront à les protéger !

Héphaïstos courba la tête sous la bourrasque. Au

lieu d'apaiser le maître des dieux, son intervention n'avait fait qu'attiser sa colère.

— L'eau, dit Poséidon.

— Quoi, l'eau ? cria Zeus, agressif.

— Rien de mieux pour purifier la terre. Cette engeance doit périr sous autant de pluie qu'elle a fait verser de larmes.

— J'imaginais un déluge de feu, dit Zeus, pensif. Mais, ma foi, ton idée n'est pas mauvaise. Elle prouve que tu es plus doué pour punir que pour aimer.

— Que veux-tu dire ? Que je ne sais pas aimer ? C'est toi qui vas m'apprendre, peut-être ?

Le rire de Zeus résonna de nouveau sous les voûtes d'or, jusque dans les jardins où les Saisons, servantes de l'Olympe, passaient, conduisant les chevaux d'Apollon vers les écuries divines.

— Pauvre Thétis ! rugit-il. Elle qui rêvait d'être la mère d'un héros immortel, j'imagine sa stupeur en découvrant la physionomie de son rejeton, si tu l'avais épousée !

Le dieu des Mers haussa les épaules avec irritation. Il détestait entendre Zeus se moquer de sa progéniture, car celle-ci collectionnait les monstres les plus abominables de l'univers : Polyphème, le cyclope anthropophage, ou bien les Aloades, géants cruels qui effrayaient les dieux eux-mêmes, ou encore les six fils que Poséidon avait eus d'Halia.

Des fous furieux, si dangereux que leur père avait dû les enterrer vivants.

Devant l'air ulcéré de son frère, Zeus regretta ses sarcasmes, et il frappa amicalement la puissante épaule du dieu des Mers.

— Ne fais pas attention à mon humeur. Après tout, nous avons combattu ensemble les Titans, et même si tu as tenté un jour de m'enchaîner, avec la complicité de ma tendre épouse, je ne me souviens que de nos victoires.

— Je te trouve bien fraternel, tout à coup, constata Poséidon, méfiant.

— C'est qu'il a quelque chose à se faire pardonner, plaisanta Héra.

Zeus ignora superbement ces accusations. Autour de lui, l'Olympe rayonnait d'une lumière éthérée, et le chant des Muses, ses neuf filles, nées de neuf nuits d'amour, était une promesse de félicité.

En attendant le déluge.

19

Les amoureux

Clyméné regardait Deucalion avec attendrissement. Son fils avait grandi. Il était maintenant aussi haut et presque aussi fort que Prométhée. Avec sa vigueur, il avait hérité l'ingéniosité de son père. Souvent, lorsqu'ils travaillaient ensemble, les idées de Deucalion sidéraient Prométhée. « Il a du génie ! » exultait le Titan. Sa joie était d'autant plus vive que les inventions de Deucalion étaient toujours pacifiques et bienfaitrices, car il avait la passion d'aider les autres.

Dans l'immédiat, toutefois, le garçon avait d'autres pensées en tête. Il jouait avec sa cousine Pyrrha, fille d'Épiméthée et de Pandore. La jeune fille ajoutait la douceur et l'esprit à la beauté de sa mère. Elle était rousse, avec une peau soyeuse, et des yeux d'émeraude sur un petit nez moqueur.

— J'arrive avant toi de l'autre côté de la rivière. On parie ? cria-t-elle.

Sans attendre la réponse de son cousin, elle partit en courant. Entre deux berges, quelques troncs de peuplier franchissaient le cours. Au moment où elle allait l'atteindre, Deucalion la devança et bondit sur le pont avec un cri de triomphe. Sa victoire fut de courte durée, car Pyrrha lui saisit le pied. Il perdit l'équilibre et tomba dans l'eau pour le plus grand plaisir de sa compagne.

Après avoir éliminé son rival, elle traversa tranquillement le pont de bois, certaine de gagner son pari. Mais Deucalion, nageant en profondeur, surgit soudain devant elle, l'empoigna aux chevilles et la projeta à son tour dans la rivière. Quelques instants plus tard, elle émergea, suffoquée et rieuse. Ils se rejoignirent au milieu du courant et s'enlacèrent. Clyméné les vit s'embrasser tendrement.

— Je crois que nos enfants sont amoureux, dit-elle en souriant.

Prométhée n'entendit pas son épouse. Ce jour-là, depuis l'aube, il était assis sur une pierre, le dos courbé, le visage entre les mains, absorbé dans une méditation inhabituelle. Clyméné, intriguée par son expression tourmentée, s'approcha et noua ses bras autour de son cou.

— Tu as de la peine ? murmura-t-elle.

— J'ai peur.

Il tourna effectivement vers elle un regard plein d'effroi. Et cette peur fut un choc, car Prométhée était l'un des êtres les plus hardis qui fussent. Il l'avait prouvé à maintes reprises en affrontant sans trembler les monstres et les dieux.

— Qu'y a-t-il ? demanda-t-elle.

Un long moment, il observa tendrement Deucalion et Pyrrha, avant de répondre :

— Les dieux ont décidé de punir les mortels.

Clyméné se rassura.

— Tu conviens toi-même qu'ils le méritent. Ils sont méchants, déloyaux...

— TOUS les mortels, précisa Prométhée.

La voix de Clyméné se brisa :

— De quelle manière ?

— Un déluge va submerger la terre. Personne n'en réchappera. Tu comprends ? Personne... C'est à eux que je pense.

Il montra les jeunes amoureux qui revenaient vers eux, Deucalion portant Pyrrha accrochée à son cou. Prométhée était maintenant immortel. Et Clyméné faisait partie des Océanides, amies des eaux. Tous deux n'avaient rien à redouter du déluge. Ils survivraient, mais leurs enfants périraient en même temps que l'ensemble de l'humanité. Et cette idée leur était intolérable.

— Que vas-tu faire ? demanda Clyméné, prise de panique.

— Intercéder auprès de Zeus.

Clyméné sentit ses larmes sourdre à ses yeux. Elle savait que les décrets divins étaient irrévocables. Si Prométhée avait réussi à déjouer le serment du maître des dieux et à briser ses chaînes, il devait sa délivrance à son art de la divination. Or, celui-ci ne lui serait d'aucun secours en la circonstance. Pourtant, elle se prit à espérer encore. La séduction de Prométhée n'avait pas de limites. En songeant à ce merveilleux pouvoir, elle croisa le regard du Titan et sut qu'il était prêt à voler de nouveau un feu divin. Un feu qu'on appelait l'amour.

Elle ne vit pas Zeus paraître vers la fin du jour. Nul ne le vit, hormis Prométhée qui l'avait invoqué.

— Que te faut-il encore ? gronda le maître des dieux. Je t'ai donné la liberté, le bonheur, l'immortalité. N'est-ce pas suffisant ? Seras-tu un jour satisfait ?

— Je voulais te montrer quelque chose, cousin, répondit Prométhée.

— J'espère que le spectacle en vaut la peine ! dit Zeus d'un air farouche. Car j'ai mieux à faire que me plier à tes fantaisies.

Sans ajouter un mot, Prométhée conduisit le maître des dieux dans un pré, au bord de l'eau. Là, Deucalion et Pyrrha s'affairaient autour d'un autel couvert de fleurs et de fruits destinés aux dieux. Le soleil couchant nimbait la pierre et les jeunes gens d'une lumière dorée. Zeus savait qu'ils procédaient à un sacrifice chaque soir, et leurs offrandes lui étaient agréables.

Comme il observait le spectacle, soudain Pyrrha détacha son collier de pierres marines et le déposa sur l'autel.

— Tu es sûre ? s'écria Deucalion. C'est ce que tu aimes le plus au monde.

— Ce que j'aime le plus, c'est toi, répliqua Pyrrha. Et cet amour, c'est à Zeus que je le dois.

— Exact, reconnut Deucalion, en détachant à son tour son collier.

Zeus regarda Prométhée d'un air suspicieux.

— Belle mise en scène !

Il faisait semblant de croire que cette générosité était préparée, combinée. Mais il savait très bien que l'offrande des jeunes gens était sincère et désintéressée. « Si tous les mortels pouvaient ressembler à ces deux êtres innocents, le monde serait plus beau », pensa-t-il.

Puis il regarda le Titan et décréta :

— Ces deux-là survivront. Tu as ma promesse.

20

La fin du monde

Le chêne parut s'immobiliser, avant de s'abattre dans un craquement formidable. Prométhée fut peiné d'avoir dû sacrifier un arbre aussi majestueux, mais il se dit que le déluge emporterait la plupart des forêts et que les vieux chênes eux-mêmes ne résisteraient pas à la fureur des flots. Cette pensée l'incita à continuer son travail, sans toutefois dissiper ses regrets.

— Tirons-le avec les autres, commanda-t-il.

Ils coupèrent les branches, avant de faire rouler le tronc élagué jusqu'à la rivière. Quand le chêne se mit à flotter, ils le guidèrent depuis la berge à l'aide de longues perches. À un stade de là, c'est-à-dire à un peu moins de deux cents mètres, ils le capturèrent avec des griffes d'acier et le hissèrent sur un champ où s'entassaient déjà trente troncs similaires.

— C'est bien, dit Prométhée.

Prenant le temps de souffler, il contempla le travail accompli. Pour l'exécuter, ils n'avaient pu requérir l'aide des humains, car ceux-ci, condamnés à disparaître, devaient ignorer l'existence de l'arche. Ils n'étaient que deux. Mais Deucalion, dont la force égalait la sienne, suffisait à la tâche. Infatigable, il ne s'interrompait qu'à la nuit tombée et conservait toujours le sourire, malgré l'approche du désastre qui allait tout anéantir. « Il a une confiance aveugle en Zeus », se disait Prométhée. Et il adressait une pensée reconnaissante au maître des dieux qui sauvait la vie de son fils et préservait son innocence.

— Allez, paresseux, les planches maintenant.

Ils abandonnèrent leurs griffes et leurs haches pour une longue scie forgée par Héphaïstos. Sa lame était aussi tranchante que le glaive d'Athéna. Grâce à cet outils fabuleux, bientôt, une colline de planches s'éleva, issue des troncs qu'ils débitaient. Le lendemain, ils commencèrent à les assembler sur l'immense ossature d'un vaisseau.

— Pourquoi un bateau et pourquoi une telle dimension ? s'étonna Deucalion.

— Un bateau, parce que ça flotte sur l'eau, et une dimension pareille pour que vous puissiez emmener des animaux. Des couples, afin qu'ils se reproduisent. Il faut nous hâter.

Déjà, des nuages noirs s'amoncelaient dans le ciel, transformant le jour en crépuscule tragique. En vitesse, les deux Titans achevèrent la coque et divisèrent l'intérieur de l'arche en trois compartiments. Le premier, réservé à Deucalion et Pyrrha. Le deuxième, aménagé pour les provisions. Le troisième, le plus vaste, destiné aux animaux. Lorsque la structure fut terminée, ils firent bouillir de la résine de pin dont ils enduisirent la coque pour assurer l'étanchéité.

Clyméné et Pyrrha travaillaient avec la même ardeur. Dans un champ voisin, elles avaient construit des enclos et des étables dans lesquels elles assemblaient des bêtes de toutes espèces. On aurait dit que celles-ci sentaient approcher le fléau, car elles venaient d'elles-mêmes chercher refuge, les fauves dans les enclos, le bétail dans les étables, et les oiseaux à l'intérieur des cages.

L'arche fut bientôt prête à partir. Ils avaient entassé les provisions à bord, lorsque la pluie commença à tomber, accompagnée d'éclairs et de vents violents. Ce n'était pas une tempête ordinaire. Ils avaient l'impression que l'océan, projeté dans le ciel, retombait sur la terre.

— Pressez-vous ! cria Prométhée.

En vitesse, ils firent monter les animaux dans

l'arche. Puis ils se dirent adieu avec une douloureuse émotion, car ils s'aimaient tendrement.

Le vaisseau était entièrement clos pour résister aux vagues gigantesques qui surgiraient de l'océan. Avant de mettre en place le dernier panneau, Deucalion vit son père, de l'eau jusqu'aux genoux, courbé sous l'ouragan. D'une main, il étreignait Clyméné ; de l'autre, il tenait une hache destinée à trancher les cordes qui retenaient le vaisseau à la terre. Ce fut cette dernière vision qu'il emporta de lui.

Le flot enflait, ballottait l'arche avec violence. Puis le bateau fut emporté : Prométhée avait coupé les amarres. Les éclairs étaient si éblouissants, que l'arche semblait la proie d'un incendie. Sous le feu céleste, Pyrrha tremblait de peur. Deucalion, lui, pensait tristement à ses parents et aux amis qu'il avait abandonnés.

Au départ, en dérivant, le bateau heurtait toutes sortes d'obstacles : arbres, rochers. Sa coque craquait, menaçait de se déchirer. Puis, au bout de quelques heures, ils voguèrent en liberté, poussés par des vents déchaînés. Les nuées étaient si sombres, qu'à travers les minces ouvertures de l'arche, ils ne faisaient pas de différence entre le jour et la nuit. Seule la foudre apportait la lumière. La pluie tombait sans répit, en énormes paquets qui frappaient la voûte de l'arche comme des pierres.

Le lourd vaisseau n'était qu'un bout de bois perdu dans une immensité de tourbillons, de fracas et de ténèbres.

Les jours s'écoulaient. Ils perdaient la notion du temps.

— Ça ne finira jamais ! sanglotait Pyrrha.

Elle se voyait errant sans fin sur les eaux ou bien en proie à la voracité de l'océan qui éventrerait leur vaisseau pour les aspirer dans ses profondeurs.

— Il faut faire confiance à Zeus, la rassurait Deucalion. Nous avons survécu grâce à lui. C'est lui qui nous conduit.

Dans le vaste compartiment qui leur était réservé, les animaux restaient silencieux, terrorisés par le bruit et la folie du vaisseau soulevé par des vagues énormes avant de sombrer dans des creux vertigineux. Un jour, une sorte de bélier monstrueux frappa l'arche par le travers et la retourna. Le vaisseau déversa son contenu. La tête de Deucalion heurta violemment la voûte de bois. Il entendit crier les bêtes. Pyrrha pleurait quelque part, dans l'obscurité. Il la chercha à tâtons et la serra dans ses bras.

— N'aie pas peur, je suis là.

L'idée de la mort le traversa, et il l'accueillit comme une injustice.

21

L'île des Muses

L'arche se retourna de nouveau, mais cette fois plus lentement. Elle se redressa, reprit sa position première à la surface de l'océan, grâce à un système ingénieux conçu par Prométhée pour assurer la stabilité. Deucalion et Pyrrha, toujours enlacés, glissèrent sur les parois de bois. Et soudain le vaisseau acquit une sorte d'immobilité, comme s'il avait jeté l'ancre.

— Il a repris sa place, murmura Deucalion en retenant son souffle.

Il craignait un nouveau choc, plus destructeur, le dernier. Mais il n'eut pas lieu.

— Tu entends ?

La pluie avait cessé et l'océan s'était apaisé d'un

seul coup. Dans leur logis, les bêtes gémissaient. Deucalion ouvrit le panneau supérieur de l'arche. Le ciel était toujours noir, mais les nuages étaient plus hauts. Une pâle lumière révélait une eau sombre qui s'étendait à l'infini.

— La terre est morte, balbutia Pyrrha.

Deucalion sourit.

— Elle renaîtra. Une terre nous attend, quelque part. Tu ne sens pas ?

Pyrrha aspira une brise légère venue de loin. Dans la cale voisine, les oiseaux recommencèrent à chanter.

Le lendemain, ils aperçurent une île. C'était le sommet du Parnasse, la montagne des Muses. L'arche, poussée par le vent, s'en approcha et accosta en douceur. Le plaisir de revoir la terre fut rapidement supplanté par la terrible vision d'un monde ravagé par le déluge. Les forêts et toute la végétation avaient été emportées. Du sol raviné émergeaient les rochers nus. Ils explorèrent leur île. En descendant, leurs pieds s'enfoncèrent dans la glaise. Les animaux, sortant de leur abri, pataugeaient avec maladresse dans la boue. Leurs museaux dressés humaient un air qu'ils ne reconnaissaient plus.

Bientôt, le vent chassa les nuages. Le soleil parut, réchauffant la terre. L'eau refluait rapidement, révélant les pentes de la montagne, creusées de vallées désolées.

— Regarde ! cria Deucalion en tombant à genoux devant une fleur blanche épanouie dans la tiédeur de l'air.

— La terre revit, murmura Pyrrha, bouleversée.

Deucalion lui prit la main.

— Remercions Zeus.

Sur une pierre plate, ils disposèrent une partie de leurs provisions et l'offrirent au maître des dieux. Zeus, qui les observait du haut de l'Olympe, fut ému, car ils lui sacrifiaient ainsi ce qui devait leur permettre de survivre avant que la terre puisse de nouveau porter ses fruits.

Il ordonna aussitôt à Déméter, déesse des Moissons, de hâter le réveil de la végétation. Ensuite, il convoqua Hermès :

— Tu vas aller trouver ces enfants et leur demander ce qu'ils souhaitent. Quelle que soit leur réponse, tu leur accorderas ce qu'ils veulent.

— Même s'il s'agit de l'immortalité ? demanda le dieu malicieux.

Zeus resta insensible à son ironie.

— Deucalion et Pyrrha sont trop purs et généreux pour réclamer l'impossible. Leur vœu sera plus raisonnable.

— On dirait que l'amour des hommes te reprend ! fit remarquer Poséidon, sarcastique.

Le maître des dieux fronça les sourcils.

— Il ne m'a jamais quitté. Je ne peux en dire

autant de toi. On dirait que tu regrettes d'avoir fait grâce à ces deux innocents.

— C'est toi qui les as sauvés, pas moi, grinça le dieu des Mers. C'était bien la peine de déchaîner la foudre et tous les éléments pour voir renaître ce que tu as si bien détruit !

— Le monde qui surgit sera plus beau que l'ancien, prédit Zeus.

Poséidon haussa les épaules.

— Pourquoi les hommes changeraient-ils ? L'orgueil, l'ambition, l'envie, la cruauté leur sont aussi nécessaires que le pain.

— Et les folles passions, ajouta Zeus. C'est pour ça que je les aime, je crois.

— Aussi fous que les dieux, en somme ? dit Hermès en riant.

Zeus menaça du doigt son messager.

— Tu es encore là, toi ? Va ! Dépêche-toi !

Hermès prit aussitôt son vol et atteignit le Parnasse en quelques instants. Là, il fut stupéfait de constater que Deucalion avait déjà démonté l'arche, et construit une maison pour sa compagne et un abri pour ses bêtes. Les bâtiments étaient grands et habilement conçus.

— Tu n'as pas perdu de temps ! s'écria-t-il.

Deucalion se retourna, tout heureux de rencontrer une autre créature dans le désert qui les environnait. En reconnaissant celui qui leur rendait visite, il le salua avec respect.

— Bienvenue, Hermès, dieu des Marchands !

— Des Voyageurs, des Orateurs, sans oublier les Voleurs, ajouta le jeune dieu, jovial.

Pyrrha s'inclina à son tour.

— Pardonne-moi : avec toutes ces plumes, à tes pieds, à ton chapeau, je t'ai pris pour un oiseau.

— Un oiseau ? On ne m'a jamais dit ça ! s'exclama Hermès, vexé. Sais-tu que je pourrais te changer en hirondelle pour cette insolence ? Ou bien t'endormir pour longtemps avec ma baguette d'or ? Ou te transformer en statue ? De marbre rose peut-être...

— Tu es venu pour nous punir ? s'inquiéta Deucalion.

Hermès toussota avant de répondre :

— En fait, non, je viens vous récompenser.

Pyrrha secoua avec énergie ses cheveux roux.

— Si cette récompense consiste à faire de moi un oiseau ou une pierre, non merci.

— Que souhaiterais-tu ? Ne crains rien.

Connaissant la perfidie du messager divin et sa complicité dans la mésaventure de la boîte de Pandore, Pyrrha pinça les lèvres :

— Je suis comblée, tu peux me croire.

— Enfin, il y a bien une envie que je pourrais satisfaire, un vœu que je pourrais exaucer ! s'impatienta Hermès.

Deucalion sourit :

— Zeus nous a déjà offert le plus merveilleux des cadeaux : la vie.

— C'est lui qui m'envoie ! soupira Hermès. Alors, soyez gentils, exprimez un désir. Et pressez-vous : je n'ai pas toute l'éternité moi ! Vous non plus, du reste.

Deucalion considéra le paysage désert d'un air pensif :

— Il y a bien quelque chose...

— Dis ! le pressa Hermès.

— J'aimerais avoir des compagnons, avoua Deucalion.

— Et moi des compagnes ! s'empressa d'ajouter Pyrrha.

— Eh bien voilà !

Hermès médita quelques instants, avant de sourire d'un air narquois.

— Pour avoir de la compagnie, ramassez les os de la terre et lancez-les par-dessus vos épaules.

Sur ces paroles énigmatiques, il disparut.

— Attends ! cria Deucalion. Quels os ? Je ne comprends pas. Reviens !

Il eut beau supplier, la montagne resta déserte.

— Je savais bien qu'il se moquerait de nous, dit Pyrrha avec amertume. Hermès prend plaisir à mystifier les gens. J'espérais pourtant qu'il se montrerait généreux, pour une fois.

22

Les os de la terre

Deucalion contemplait mélancoliquement les champs qu'il avait semés. La nature se montrait généreuse. Partout, les récoltes s'annonçaient abondantes. Le blé commençait à blondir. Une herbe grasse recouvrait les prés où les bêtes paissaient. Sur les pentes du Parnasse, une multitude de chênes poussait. Les arbres étaient encore petits, mais la forêt promettait d'être belle. Deucalion aurait été comblé s'il avait pu s'habituer à la solitude.

Pyrrha vint appuyer sa tête sur l'épaule de son compagnon, les bras noués autour de sa taille, en chuchotant :

— On est bien, comme ça, rien que nous deux, non ?

Le fils de Prométhée sourit.

— Divinement.

Ils s'aimaient de plus en plus et, si la terre avait été peuplée comme jadis, il est probable qu'ils auraient choisi un endroit retiré semblable à celui-ci pour protéger leur intimité. Mais entre la tranquillité et la solitude absolue, il y avait un gouffre amer. Lorsque Deucalion se promenait sans Pyrrha, le silence de la terre lui serrait le cœur. Malgré lui, il fouillait l'horizon en songeant : « Il doit rester quelqu'un, quelque part. » Cependant, il avait beau chercher et crier à tous les vents, les vallées, les monts, les rivages marins étaient déserts à perte de vue, et seul l'écho répondait à son appel. Il lui fallait se rendre à l'évidence : en attendant les enfants que lui donnerait Pyrrha, il resterait seul avec sa compagne.

Il caressa ses beaux cheveux, d'un rouge ardent.

— Tu es très belle, ce matin.

Le visage de la jeune femme prit une expression faussement sévère.

— N'essaie pas de m'amadouer : au lieu de t'occuper des champs, tu as encore fait des trous un peu partout !

Il prit l'air coupable, car Pyrrha disait vrai : il avait creusé, comme chaque jour. Depuis des mois, il fouillait le sol dans l'espoir d'éclaircir le mystère évoqué par Hermès. « Ramassez les os de la terre ! »

D'abord, il avait cru comprendre qu'il s'agissait des ossements des victimes du déluge. Mais il ne subsistait rien des anciens habitants. Pas la moindre trace. Le déluge avait tout balayé. Les seuls vestiges devaient reposer au fond des mers. Ces myriades d'êtres disparus erraient maintenant au pays des Morts, le royaume d'Hadès, dieu des Enfers. De cette sombre demeure, nul ne revenait jamais. Même Zeus n'avait pas le pouvoir de libérer leurs ombres, emprisonnées pour l'éternité dans les profondeurs de la terre.

— Tu t'épuises inutilement. Alors, arrête, supplia Pyrrha. Tu m'écoutes ?

Pour l'obliger à lui prêter attention, elle saisit doucement son visage entre ses mains et rapprocha le sien. Deucalion l'embrassa en soupirant :

— Je sais.

— Il n'y a rien ici. Tu ne trouveras que des pierres.

Les yeux de Deucalion s'agrandirent. Puis une folle expression s'empara de lui. Empoignant Pyrrha, il la souleva et se mit à tourbillonner sans fin.

— Qu'est-ce qui te prend ? Tu es fou ! Arrête ! Lâche-moi ! cria-t-elle en riant.

— Des pierres ! Tu ne comprends pas ? Des pierres, des pierres !

— Des pierres, oui. Je ne vois pas ce que tu trouves d'excitant dans ce champ de cailloux !

— Hermès a évoqué les os de la terre. Ces os, ce sont les pierres !

Quand il déposa Pyrrha sur le sol, elle dut s'asseoir sur un muret, ivre d'avoir trop tourné dans les bras de son compagnon.

— Que vas-tu faire ? Planter des pierres et les arroser, en attendant que poussent les hommes ? Spectacle hilarant pour ton dieu farceur !

— Mais non, regarde ! s'écria Deucalion.

Il ramassa une poignée de cailloux et, parcourant le pré qui s'étendait devant leur maison, il se mit à les jeter un à un par-dessus son épaule. Dès qu'une pierre touchait le sol, aussitôt un homme apparaissait.

— Merveilleux ! cria Pyrrha en battant des mains.

Tremblant d'émotion, elle ramassa à son tour des cailloux et imita le geste de Deucalion. Cette fois, ce furent des femmes qui naquirent.

D'abord, ils se limitèrent à dix hommes et dix femmes afin d'avoir suffisamment de nourriture pour tous. Ils étaient jeunes, robustes et gentils. Déméter leur avait enseigné l'art de cultiver la terre ; Héphaïstos, les techniques du feu et du fer ; Athéna avait appris aux femmes à filer la laine et à tisser. Bientôt, un village s'édifia autour de la maison de Deucalion et Pyrrha.

— Si on s'installait un peu plus loin ? suggéra le fils de Prométhée.

Sa compagne fit la moue :

— Je croyais que tu voulais de la compagnie ? « Ces terres abandonnées et ce silence me glacent le cœur », récita-t-elle en imitant la voix de Deucalion.

Celui-ci la poursuivit en riant :

— Mégère ! Je vais t'apprendre à te moquer de moi !

Quand il la délivra, elle s'étira avec des gestes de chatte paresseuse.

— Les caresses des vagues, la chaleur du sable au soleil... La déesse de l'Amour est née de l'écume de la mer. Tu le savais ?

— Bien sûr, j'étais là !

Ils se mirent à rire comme des gosses.

Le lendemain, ils préparèrent leurs affaires et les entassèrent sur un chariot tiré par une paire de bœufs d'une blancheur immaculée. Deucalion freina l'enthousiasme de leurs compagnons, décidés à les accompagner.

— Nous reviendrons bientôt, promit-il, lorsque la solitude nous semblera insupportable. Pour le moment, nous avons besoin d'une vie à deux.

Avant leur départ, ils montèrent tous ensemble au sommet du Parnasse pour offrir un sacrifice à Zeus. Ils avaient édifié un autel tout blanc, choisi la plus belle bête de leur troupeau et allumé un feu avec des branches de cèdre odorantes.

— Tu es un dieu magnifique, pria Deucalion, le visage levé vers le ciel. Nul autre que toi ne pourrait gouverner l'univers avec la même justice et la même clémence. Si tu n'avais pas la foudre, je la forgerais pour toi, afin que tu continues à chasser les monstres et les maudits qui infestent la terre.

— Merci pour tout cela, dit Pyrrha, merci pour le ciel bleu, le soleil, les sources, les forêts, les oiseaux et le vent...

— Merci d'avoir créé celle que j'aime, poursuivit Deucalion. Merci pour sa beauté et sa douceur, et pour notre enfant qui naîtra bientôt, là-bas, au bord de la mer. Veille sur lui, je t'en prie, comme tu as veillé sur nous.

Quand le sacrifice s'acheva, Deucalion et Pyrrha partirent. Leurs compagnons demeurèrent autour de l'autel pour chanter et danser au son de la flûte. Cette musique joyeuse accompagna longtemps les deux voyageurs, bien au-delà des collines.

— Ils vont me manquer, soupira Pyrrha.

Deucalion se mit à rire.

— Nous sommes bien comme les dieux : il nous est difficile de vivre avec les hommes, et impossible de vivre sans !

23

Chez les immortels

— Ces deux enfants font plaisir à voir ! s'exclama Zeus. Vous les avez entendus ? Au moins ils apprécient les présents du ciel et les plaisirs de la vie. Et on peut dire qu'ils savent témoigner leur reconnaissance aux dieux.

— Un peu effronté, ce Deucalion, objecta Héra. À l'entendre, il aurait forgé la foudre et te concéderait le droit de t'en servir.

Héphaïstos partit d'un rire caverneux.

— Avec le père qu'il a, il serait bien capable d'avoir inventé la foudre.

— Je ne te le fais pas dire, intervint Prométhée. Depuis qu'il était devenu immortel, le Titan était parfois l'hôte de l'Olympe. Son irrespect, qui agaçait la plupart des dieux, réjouissait Zeus, surtout lorsqu'il s'exerçait aux dépens d'Héra et de Poséidon.

Le maître des dieux faisait semblant de se fâcher, mais riait dans sa barbe.

— À propos de foudre, dit Prométhée, tu ne m'as pas dit ce qu'était devenue la belle Thétis.

— Elle a épousé un simple mortel : Pélée, roi de Phtie.

Le Titan esquissa un sourire.

— Infâme ! s'emporta Héra. Ce Pélée est un meurtrier. Il a tué son frère.

— Il s'agissait d'un accident, tu le sais très bien, gronda Zeus.

Il prit Prométhée à témoin :

— Ils s'exerçaient ensemble au lancement de disque. Celui-ci l'a frappé à la tempe.

Héra balaya sa coupe d'or d'un geste rageur.

— Il était jaloux de lui ! Pélée est un grossier personnage, un brutal.

— Il a d'autres qualités, riposta le maître des dieux. C'est un grand chasseur, adroit et courageux.

— S'il était aussi vaillant que tu le prétends, Thétis l'aurait accepté de grand cœur. Mais ce n'est pas le cas. Il est indigne d'elle. C'est pourquoi elle a tout fait pour lui échapper.

— Elle s'est changée en feu, en eau, en vent, en arbre..., dit Apollon.

— En oiseau, en tigre, en lion, en serpent, même en calamar ! poursuivit Hermès en riant. C'est d'ailleurs ce qui l'a perdue : Pélée s'est emparé d'elle et ne l'a plus lâchée jusqu'à ce qu'elle reprenne sa forme féminine.

— Fort jolie forme, murmura Zeus, en adressant un clin d'œil à Prométhée.

— Elle t'a obéi pour son malheur, dit Héra. Ce mariage est une tragédie.

— C'est sa faute ! fulmina Zeus. Elle s'est mis en tête de rendre son fils immortel. Cette folie l'a poussée à faire mourir ses enfants en les plongeant dans le feu !

— Sauf le dernier, maugréa Héra.

— Il est immortel ? demanda Prométhée avec curiosité.

— Immortel, non, mais invulnérable. Celui-là, Thétis l'a plongé dans les eaux du Styx, qui rendent les corps impénétrables au fer, comme tu le sais. Sacré guerrier, cet enfant ! Il se nomme Achille, et ne tardera pas à faire parler de lui !

— À t'entendre, on dirait que c'est ton propre fils ! dit Aphrodite d'un ton moqueur.

— Il aurait bien aimé ! persifla Héra.

— Taisez-vous, commères ! gronda Zeus. Nous parlons d'un héros et vous n'y connaissez rien.

Le maître des dieux prit Prométhée en aparté.

— Achille est jeune encore, mais déjà doué

d'une force prodigieuse. À dix ans, il terrasse des lions et devance les cerfs à la course.

— Il sait aussi jouer de la lyre, panser les blessures ; il est insensible à la douleur, ajouta Héphaïstos, sans dissimuler son admiration.

Prométhée dévisagea le maître des dieux avec curiosité :

— Tu parles de cet Achille avec passion, mais en même temps avec une certaine déception. Que s'est-il passé ?

La rancune déforma le visage auguste du maître des dieux.

— Thétis est venue enlever son fils au beau milieu de ses exploits. Elle l'a habillé en fille et caché je ne sais où. Sans doute avec l'aide d'une complice, que je ne tarderai pas à démasquer et à punir comme elle le mérite, ajouta-t-il à haute voix en jetant un regard venimeux à son épouse.

— Je te répète que je n'y suis pour rien ! s'emporta la déesse.

— Ce que je ne comprends pas, intervint Prométhée, c'est la raison pour laquelle Thétis a interrompu une si belle aventure, alors qu'elle rêvait d'avoir pour fils un héros immortel.

— Une terrible guerre va éclater, expliqua Zeus. Elle opposera les Achéens et les Troyens. Or, Calchas, le devin, a prédit que la cité de Troie ne pourrait être prise sans le concours d'Achille. Mais il a également annoncé que le héros succomberait durant le combat. Pour le soustraire à sa destinée, Thétis l'a dissimulé quelque part. Je me demande bien ce qu'elle va faire de lui !

Le Titan poussa un soupir fataliste.

— Personne ne peut échapper au sort fixé par les Moires, les maîtresses des destinées.

— Personne, confirma Zeus. Mais une mort peut être plus ou moins glorieuse. Et si Achille doit périr, mieux vaut que son sacrifice soit héroïque. La guerre de Troie, quelle aventure ! Les exploits de ses guerriers résonneront longtemps dans la mémoire des hommes et celle des dieux.

En voyant le maître des dieux frémir d'une ardeur anticipée, Prométhée éclata de rire.

— Tu te moques de moi ? grinça Zeus.

— Pas du tout, cousin, dit le Titan d'un ton apaisant. Mais quand je pense que tu as voulu exterminer les hommes ! Avoue que ce qui se passe sur terre te divertit davantage que la douceur sucrée de l'Olympe.

— Il est naturel que je me préoccupe du sort des mortels ! grommela Zeus.

Durant cette conversation, Hermès avait disparu. Il surgit soudain pour annoncer :

— J'ai retrouvé Achille !

— Où ça ? s'exclama Zeus.

— À la cour de Lycomède, le roi de Scyros.

Notre héros était élevé avec les jeunes princesses. Il se faisait appeler Pyrrha, comme l'épouse de Deucalion.

— Achille transformé en jeune fille ! rugit Zeus. Comment l'as-tu découvert ? Dis-moi.

Hermès partit d'un rire silencieux.

— Je n'y suis pour rien. C'est un Grec astucieux qui l'a démasqué en se faisant passer pour un marchand. Sous cette apparence innocente, il a pénétré dans les appartements des filles du roi pour leur présenter ses trésors : bijoux, parfums, fards, étoffes précieuses, instruments de broderie. Et, au milieu de tout ça, devinez quoi ? Des armes magnifiques.

— Bien joué ! s'écria le maître des dieux, qui prévoyait la suite.

— Les princesses ont respiré les parfums, essayé les vêtements et les bijoux. Pyrrha, elle, s'est précipitée sur une épée. Reconnaissant Achille, le Grec lui a parlé de la grande expédition et l'a invité à se joindre aux guerriers prêts à embarquer.

— La guerre, oui ! Aux armes ! Mort à l'ennemi ! hurla Arès en brandissant sa propre épée.

Zeus secoua la tête d'un air résigné.

— Celui-là, on ne le changera jamais !

Prométhée poussa un grand soupir.

— Nul ne change jamais, cousin. Ni les dieux ni les hommes.

— Tu t'es bien corrigé, toi, voleur de feu ! gronda Zeus.

Prométhée examina l'Olympe avec une feinte convoitise :

— Qui sait ? Il y a toujours quelque chose à prendre chez les dieux !

24

Le guerrier et le poète

Deucalion revenait de la pêche. Il avait tiré sa petite embarcation sur la plage et, portant sur l'épaule un panier d'osier rempli de poissons frétillants, il marchait les pieds dans l'eau vers sa hutte de bois construite une peu plus loin sur les rochers.

Quelques heures auparavant, il avait laissé Pyrrha endormie sur leur lit de feuilles odorantes, et il s'étonnait de ne pas la voir sur le seuil, guettant son retour. Depuis six mois qu'ils avaient choisi ce lieu magnifique pour s'installer, après avoir quitté leurs compagnons du Parnasse, c'était toujours le même rituel : il partait en mer au petit jour. Tandis qu'il jetait ses filets, Pyrrha s'éveillait, elle se baignait dans la mer, puis elle allumait le feu avec des branches d'olivier pour cuire le produit de sa pêche. Elle l'attendait toujours au même endroit, sur le promontoire, et agitait la main et le voyant apparaître au bout de la plage.

— Pyrrha !

Il escalada l'escalier de bois. La petite maison était vide ; le lit, défait. Aucune odeur de feu. La première pensée de Deucalion fut que Pyrrha se moquait de lui. Elle s'était cachée quelque part. Elle allait bondir, l'enlacer par surprise.

Il la chercha alentour, sur les rochers, le long du rivage, dans la forêt d'oliviers. Elle était invisible. Comme elle ne répondait pas à ses appels, il commença à s'inquiéter. Si elle était partie, elle lui aurait laissé un message. Il lui était certainement arrivé un malheur. Mais lequel ? Elle n'avait pu se noyer : Pyrrha nageait comme un poisson et la mer était tranquille. Il s'agissait d'autre chose. Soudain, cet endroit si beau, si paisible, lui parut receler une menace.

À l'instant où il pressentait le danger, une ombre noire passa devant le soleil. Phénomène fugitif : lorsqu'il leva les yeux, le ciel était d'un bleu très pur, sans un nuage ni un oiseau. Pourtant, il n'avait pas rêvé : il avait perçu ce voile étrange.

En examinant les lieux avec plus d'attention, il remarqua des pas sur le sable, à la limite des vagues.

— Pyrrha !

Ces empreintes n'étaient pas les siennes. Leur taille était beaucoup trop grande. Quelqu'un était passé par là il n'y avait pas très longtemps. Cette présence l'étonna car, depuis leur installation, ils n'avaient jamais rencontré d'être vivant dans cette partie du monde dépeuplée par le déluge.

Les traces, profondément incrustées dans le sable, révélaient une créature pesante, un colosse sans doute. « Ou bien un homme portant dans ses bras une prisonnière : Pyrrha ! » pensa-t-il avec anxiété. Il les suivit, et soudain, elles s'interrompirent. Au-delà, le sable était lisse. Plus aucune piste. À cet endroit, les vagues étaient trop lointaines pour effacer les empreintes. On aurait dit que l'intrus s'était volatilisé.

Deucalion observa la mer. « Un monstre marin, peut-être ? » Il se rapprochait de l'eau lorsque, de nouveau, l'ombre masqua le soleil. Cette fois, Deucalion vit un grand oiseau noir atteindre le front d'une falaise, avant de disparaître dans une grotte. Un bref instant, la créature replia ses ailes, et le jeune homme entrevit une forme humaine. Son instinct lui confirma que l'être ailé était responsable de l'enlèvement de sa compagne : les traces s'arrêtaient à l'endroit où le ravisseur avait dû prendre son envol !

Fou de colère, le jeune homme courut sur le sable jusqu'au pied de la falaise et appela :

— Pyrrha !

Cinquante mètres au-dessus de lui, un visage apparut. Sous un nez crochu, un sourire hideux montra des dents acérées. La bête se rit de lui, puis elle rentra dans son repaire.

Deucalion s'élança courageusement à l'assaut de la falaise. La paroi était lisse, mais le fils de Prométhée, très agile, s'accrochait à la moindre aspérité. Il progressait sans effort, et avait parcouru les deux tiers de son ascension lorsque la créature ailée sortit soudain de sa grotte et fondit sur lui. Ses ailes fouettèrent sauvagement le visage de Deucalion, et ses doigts griffus lui labourèrent le dos pour l'obliger à lâcher prise. Suspendu au-dessus de l'abîme, face à son féroce adversaire, le jeune homme était sans défense.

— Zeus, toi qui m'as sauvé du déluge, aide-moi ! supplia-t-il.

Comme il prononçait ces paroles, la pierre où s'agrippait sa main gauche céda. Deucalion ne fut plus retenu que par une main, son corps se balançant dans le vide.

Le voyant à sa merci, la hideuse créature se jeta sur lui pour l'égorger.

— Prends ça, monstre ! cria Deucalion.

De toutes ses forces, il abattit la pierre sur la gueule avide. Avec un hurlement de douleur et de rage, la créature abandonna sa proie. Mais, en s'écartant, elle heurta Deucalion. Le fils de Prométhée tomba le long de la falaise et s'écrasa trente mètres plus bas sur le rivage.

Quand il reprit connaissance, le ciel était obscur, et il se crut projeté parmi les morts dans le sombre royaume d'Hadès. Puis il vit un feu et entendit le bruit de la mer.

— Pyrrha, murmura-t-il.

À la lueur des flammes, il aperçut un homme gigantesque assis à ses côtés. Avec un gémissement de souffrance, il se redressa. Tout son corps était douloureux, mais ses membres semblaient lui obéir. En un éclair, il revit sa chute et s'émerveilla d'être toujours en vie.

— Joli plongeon ! dit l'homme avec un gros rire.

— Qui es-tu ? demanda Deucalion.

— Un ami de ton père.

Le jeune homme examina la taille énorme et les puissantes épaules de l'étranger. À ses pieds gisaient une massue et un arc.

— Tu es Héraclès, n'est-ce pas ? Que fais-tu ici ?

— Zeus m'a demandé de vérifier si tout allait bien.

— Tu arrives un peu tard, grogna Deucalion en se mettant debout au prix d'un effort surhumain.

Il avait l'impression que tous ses os avaient été brisés, puis recollés au hasard.

— Le sable a amorti ta chute, expliqua Héraclès. Quintuple épaisseur : une idée d'Hermès.

— Il aurait mieux fait de me débarrasser du monstre, soupira Deucalion.

Héraclès émit un reniflement désapprobateur :

— Ce volatile n'est pas la première bestiole venue. Il s'appelle Astaron. C'est le fils de Poséidon. Il t'a fallu un sacré courage pour affronter ce tueur à mains nues.

— Il a enlevé Pyrrha, ma compagne. Il faut que j'aille la délivrer ! s'écria le jeune homme en s'éloignant d'un pas chancelant.

— Attends le jour, conseilla Héraclès. Dans ces ténèbres, tu n'es même pas fichu de trouver la falaise.

— Le monstre va dévorer Pyrrha !

Héraclès le ramena de force devant le feu :

— Calme-toi : Pyrrha n'a rien à craindre. Astaron n'enlève pas les jeunes filles pour s'en nourrir. Il est fasciné par leur beauté. C'est sa faiblesse.

— Monstre ! Je le tuerai ! gronda Deucalion en se débattant.

— Détruire cette créature n'est pas si facile, dit Héraclès. Tantôt, tu lui as cassé quelques dents, mais celles-ci repoussent, comme les dents des requins. Il est invulnérable, sauf ici.

Il toucha un point précis, au milieu du front du jeune homme.

— Que faut-il faire ? capitula Deucalion.

— Je te l'ai dit : attendre le jour. Je t'aiderai, comme j'ai aidé ton père, jadis.

Deucalion, résigné, s'assit à côté du héros. Mais au bout de quelques minutes, n'y tenant plus, il se leva et se mit à marcher autour du feu et le long du rivage en attendant l'aurore. Pendant qu'il s'agitait, peu à peu, ses douleurs s'estompèrent et ses forces revinrent. Lorsque le soleil parut, il était prêt à reprendre le combat.

— Prête-moi ton arc, pria-t-il.

— Tu n'arriverais pas à le tendre, et mes flèches sont trop dangereuses, dit Héraclès. Prends plutôt cette corde.

— Que veux-tu que j'en fasse ?

— Elle te servira à redescendre ta compagne, que ce maudit oiseau a perchée là-haut.

— Le monstre va nous attaquer !

— Je me charge d'Astaron.

Ce dernier était invisible et le rivage silencieux. Après avoir passé le rouleau de corde d'Héraclès autour de son épaule, Deucalion entreprit l'escalade de la falaise. « Si j'arrive à le prendre par surprise, je lui arracherai les ailes ! » gronda-t-il, impatient de prendre sa revanche.

Mais, lorsque le jeune homme parvint au même niveau que la veille, Astaron, alerté, surgit de sa grotte et se mit à tournoyer au-dessus de lui en poussant des cris inhumains. Deucalion vit avec horreur que la créature avait de longues griffes de fer à ses doigts. « Je suis perdu ! » songea-t-il.

Au même instant, un éclair franchit l'espace et frappa le monstre au front. La flèche, décochée par Héraclès, l'avait mortellement blessé. Campé au pied de la falaise, le héros vit Astaron voleter quelques instants avant de tomber comme une pierre dans l'océan.

— Poséidon t'a préparé un beau linceul, railla-t-il.

Sans perdre de temps, Deucalion avait poursuivi son escalade et atteint la grotte. En pénétrant dans l'antre du monstre, il fut surpris de le trouver rempli de merveilles : lampes précieuses, tissus d'or, coffres de nacre remplis de joyaux... derrière sa hideuse apparence se cachait une créature de goût.

La plus belle de ses possessions était étendue sur un lit recouvert de fourrure blanche.

— Pyrrha ! s'écria Deucalion en serrant sa compagne dans ses bras.

La jeune femme était inerte. Il la crut morte et s'affola. Puis il constata que son cœur battait et qu'elle respirait paisiblement. Comme il n'arrivait pas à la réveiller, il pensa que le monstre lui avait fait boire un narcotique pour l'endormir. En hâte, il passa la corde autour de la taille de Pyrrha et la lia à ses épaules. Ensuite, avec son précieux fardeau, il redescendit adroitement le long de la paroi vertigineuse.

Héraclès l'attendait en bas. Il l'aida à transporter Pyrrha jusque dans leur maison. À peine fut-elle couchée sur leur lit, la jeune femme ouvrit les yeux et tendit les bras en souriant.

— Tu n'es pas blessée ? s'inquiéta Deucalion.

— Moi ? Pourquoi ?

Elle s'étira voluptueusement :

— J'ai bien dormi !

— Hypnos l'a plongée dans un profond sommeil. Grâce à lui, elle ne s'est rendu compte de rien, murmura Héraclès en attirant Deucalion à l'écart.

Le fils de Prométhée le regarda avec étonnement :

— Le dieu du Sommeil ?

— Lui-même. Les dieux veillent sur toi, mon garçon. Hermès a amorti ta chute. Athéna a guidé mon trait mortel. Zeus m'a envoyé pour te protéger. Il a créé cet endroit merveilleux pour vous accueillir, toi et ta compagne. On peut dire qu'ils sont tous aux petits soins. Je dois reconnaître que tu le mérites : je t'ai vu escalader la falaise au péril de ta vie pour combattre le monstre qui a triomphé de plus de cent adversaires !

Il posa ses puissantes mains sur les épaules du jeune homme et plongea son regard dans le sien :

— Tu devrais m'accompagner. Je pars au bout

de la terre, avec quelques hardis compagnons, pour conquérir la Toison d'Or. Le voyage sera périlleux. Nous avons besoin de héros dans ton genre.

Au même instant, Pyrrha se leva :

— Que fais-tu, paresseux ? Et où est le poisson que tu étais censé rapporter ?

Elle aperçut Héraclès et sourit :

— Je ne savais pas que tu avais un invité. Les visites sont rares par ici.

Considérant la haute stature du héros, elle ajouta :

— J'espère que ta pêche a été bonne, car il doit avoir un solide appétit !

Ils éclatèrent de rire. Deucalion tendit le panier de poissons à sa compagne et proposa d'allumer le feu. Tout en ramassant du bois, il dit à Héraclès :

— Ton offre m'honore, fils de Zeus. Mais je n'aime pas la guerre. Je suis fait pour jouir des plaisirs de la vie, comme toi pour accomplir des actions héroïques. Il existera toujours des guerriers et des poètes, deux manières de rendre grâce aux dieux.

Il regarda la jolie silhouette de Pyrrha en train de dresser le couvert au bord de l'eau.

— Entre nous, c'est avec moi qu'ils sont le plus généreux.

Composition JOUVE – 62300 LENS
N° 1042757v
Imprimé par CAYFOSA QUEBECOR à Barcelone (Espagne)
Dépôt éditeur n° 68841
32.10.2274.2/01 – ISBN : 2.01.322274.2
Loi n° 49-956 du 16 juillet 1949 sur les publications destinées à la jeunesse
Dépôt légal : août 2006